ÉVÉNEMENS

DE LA

GUADELOUPE

EN 1814

ET PENDANT LES CENT-JOURS.

ÉVÉNEMENS

DE LA

GUADELOUPE

EN 1814

ET PENDANT LES CENT-JOURS,

AVEC UNE RELATION

DU PROCÈS DU CONTRE-AMIRAL LINOIS, GOUVERNEUR,
ET DE L'ADJUDANT-GÉNÉRAL BOYER-PEYRELEAU,
COMMANDANT EN SECOND.

EXTRAIT DE L'HISTOIRE GÉNÉRALE
DES ANTILLES FRANÇAISES,
DEPUIS LEUR DÉCOUVERTE, PUBLIÉE EN 3 VOLUMES, EN 1823,

PAR LE GÉNÉRAL BOYER-PEYRELEAU.

PRÉCÉDÉ D'UNE DÉCLARATION DE L'AUTEUR A SES CONCITOYENS
ET D'UNE NOTICE BIOGRAPHIQUE PAR L'ÉDITEUR.

ALAIS

TYPOGRAPHIE DE J. MARTIN, IMPRIMEUR-LIBRAIRE.
1849.

A MES COMPATRIOTES D'ALAIS

ET DU DÉPARTEMENT DU GARD.

PARVENU à un âge avancé, privé de la vue, seul avec mes souvenirs, souvenirs qui s'éloignent, une seule chose me reste après tant d'années parcourues, mais une chose que j'ai toujours placée au premier rang, l'honneur de ma vie. Je tiens à la léguer pure et hors de toute atteinte à ma famille, à mes amis, à mes concitoyens.

Condamné, dans des conjonctures funestes, à payer de ma tête un acte de résolution énergique, que, placé à dix-huit cents lieues de la mère-patrie, ma conscience comme Français et comme soldat m'avait dicté, je fus l'objet de jugemens divers.

Déjà, j'ai lieu de l'affirmer, l'histoire a cassé sans appel l'arrêt de ma condamnation. Ce n'est point assez pour moi; j'ai à cœur de faire assister mes concitoyens aux faits et aux circonstances qui caractérisent cet épisode extraordinaire des Cent-Jours dans nos colonies et qui donnent la claire explication de ma conduite. Je m'en fusse peut-être abstenu si cette revue rétrospective ne devait reposer que sur la foi de ma parole. Mais ce que je vais raconter, je l'ai raconté déjà il y a près de 30 années; et alors je parlais devant mille témoins, dont la plupart ne sont plus; je parlais devant la génération tout entière qui avait traversé la Révolution et l'Empire. Aucune voix ne s'éleva pour me contredire, bien que, dans ce travail de *restitution historique*, qu'on me permette cette expression, il me fallût blesser bien des amours-propres, renverser bien des appréciations jusque-là admises et librement propagées, faire tomber plus d'un masque, lutter enfin contre une sorte de notoriété officielle, protégée à la fois par mon silence et les ombrages du pouvoir.

La plume tomba des mains des calomniateurs qui ne respectaient ni mon silence ni ma retraite. La lumière se fit; aucun écrit ne parut pour réfuter le mien, qui, pour la plupart des faits d'ailleurs, était appuyé sur les actes administratifs de la Guadeloupe. Le cachet de la vérité est donc resté irréfragablement acquis à l'historique que je traçais en 1823 des événemens qui s'étaient passés dans la colonie en 1814 et pendant les Cent-Jours.

J'extrais aujourd'hui cette relation d'un ouvrage d'une longue étendue que j'ai consacré à l'histoire générale des Antilles françaises, ouvrage qui n'a point été réimprimé depuis et dans lequel se trouve comme caché l'épisode qui touche si vivement à mon honneur et à l'intérêt de ma mémoire.

Une circonstance toute récente est venue hâter l'exécution du dessein que j'avais depuis longtemps d'offrir à mes concitoyens ce tableau historique, complété par des faits auxquels le jugement contemporain a attaché toute certitude. Une biographie de feu M. le contre-amiral Linois, gouverneur de la Guadeloupe pendant les Cent-Jours, et mon co-accusé dans le procès de 1816, a paru, il y a peu de mois, dans une revue hebdomadaire, en plusieurs articles (1). Dans le désir de restituer aujourd'hui à M. de Linois le rôle que sa qualité de commandant en chef lui eût permis de jouer, mais dont il laissa au commandant en second Boyer l'initiative

(1) La *Semaine*, livraisons de juillet et d'août.

à la Guadeloupe, et ensuite la responsabilité tout entière devant le conseil de guerre, le biographe, qui signe *un officier général de la flotte*, s'écarte naturellement, sur plusieurs points importans, des appréciations et des faits consignés dans mon ouvrage. Ma première réponse a consisté en une simple protestation que j'ai rendue publique (1). Une seconde, qui défie, comme en 1823, toute dénégation, toute preuve contraire, sera dans la reproduction fidèle de cette partie de mon livre. Il ne me siérait point aujourd'hui de discuter des détails, ni de chercher une polémique. L'histoire a parlé; il n'est pas au pouvoir d'historiographes posthumes ou de complaisans nécrologistes d'en infirmer la sévère authenticité.

Dois-je dire sous quels auspices et dans quelles circonstances parut, en 1823, le troisième et dernier volume de l'*Histoire des Antilles*, celui qui contient le récit des événemens de 1815 et le compte-rendu des débats devant le conseil de guerre? Ce volume était sur le point d'être publié lorsqu'un grand nombre de mes amis, et je puis dire avec quelque orgueil que j'en comptais alors comme aujourd'hui un grand nombre dans toutes les opinions, même dans celle qui m'a fait le plus de mal (2), me représentèrent que cette publication

(1) N° de la *Semaine* du 2 août 1849, et *Mémorial du Gard* du 15 juillet même année.

(2) Sans passion aujourd'hui, comme sans ressentiment, et ayant appris à sentir par expérience la nécessité d'une justice loyale dans les relations de partis, je me fais un devoir de reconnaître que c'est à l'intervention généreuse de personnes appartenant à cette opinion que je fus principalement redevable des adoucissemens qui furent apportés à ma captivité et du second acte de clémence royale qui en abrégea le terme.

n'était pas opportune et qu'elle pouvait même n'être pas prudente. « Le moment n'est pas venu, me disaient-ils, d'entreprendre l'histoire de 1815 ; vous vous exposez à appeler sur vous les ressentimens du pouvoir. » Le sentiment qui inspirait ces avis dut me faire réfléchir ; j'allai consulter un homme éminent comme jurisconsulte, et qui était déjà une notabilité politique, M. Dupin, qui m'avait assisté de ses hautes lumières et de ses conseils lors de mon procès. « Non, me dit-il, le gouvernement ne fera rien contre vous ; c'est bien le moins qu'après avoir été condamné à perdre la vie, vous ayez le droit de dire et de prouver que vous étiez innocent. Mais prenez garde, ne vous dissimulez pas un écueil ; après votre publication, je vois pour vous cinqaunte duels. » — Ceci me regarde, lui répondis-je, c'est mon affaire personnelle. — Et mon ouvrage parut le lendemain. Je ne reçus aucun cartel, pas la moindre réclamation. Les calomniateurs, comme je l'ai dit, firent silence ; frappés à leur tour, ils baissèrent la tête, écrasés par la vérité, d'autant plus foudroyante peut-être qu'elle avait été plus longtemps amassée. Les annuaires officiels de la Guadeloupe prirent désormais un autre ton, et cessèrent même tout-à-fait de répéter leur *drame travesti* des Cent-Jours.

J'ai cru devoir ces détails à mes compatriotes en leur dédiant cet écrit. Uni à eux par tant de liens, je les prie d'en accepter l'hommage comme expression de ma gratitude et comme témoignage des efforts de toute ma vie pour me rendre digne de leur estime privée en bien méritant de notre grande patrie.

G^AL BOYER-PEYRELEAU.

PRÉFACE

DE LA PREMIÈRE ÉDITION.

(1823.)

Lorsque la fortune mit l'auteur de cet ouvrage en présence de militaires accusateurs et de militaires juges, cette espèce d'ennemis, qu'il n'avait jamais eu à combattre, le trouva sans expérience et sans armes. Quoiqu'il eût passé sa vie au milieu des camps, il était resté aussi étranger aux tribunaux de l'armée qu'aux tribunaux de la cité. Sur un champ de bataille si nouveau pour lui, il avait besoin de défenseurs; les premiers qu'il appela n'eurent pas le courage de se charger de sa cause, que cependant ils trouvaient *belle*, et lui refusèrent leur secours. Il en appela d'autres : accoutumés à braver la contagion du malheur, ceux-ci accoururent, mais, dans une affaire récente et d'une douloureuse célébrité, ils avaient fait entendre des vérités hardies; les accens de leur voix courageuse parurent trop redoutables; il fallut leur imposer silence et en réclamer de nouveaux.

Dans le cours des dépositions, il entendit prononcer de lâches apologies, d'impudens mensonges et des calomnies odieuses; il voulut parler, démasquer les imposteurs, prouver la fausseté de certains témoignages; ses amis arrêtèrent la parole sur ses lèvres, et refoulèrent l'indignation au fond de son âme.

b

Dans les entr'actes de ce drame judiciaire, il donnait cours à ses transports mal contenus par une prudence dont il ne concevait ni l'utilité ni les motifs, et toujours ce silence, favorable à l'accusation, semblait lui être imposé sous peine de la vie. Tout ce que l'impudence de ses ennemis inventa pour le perdre et pour colorer leur haine, à peine lui en laissa-t-on indiquer la réfutation. Quel devait être et quel fut en effet le prix d'une résignation si extraordinaire?..... une sentence de mort!

Cependant, soustrait, par un *acte de clémence*, aux dernières conséquences d'un arrêt, que peut-être on permettra aujourd'hui à celui qu'il devait frapper de ne pas considérer comme un *acte de justice*, l'officier, objet de tant de persécutions, tâchait d'oublier ses malheurs, et coulait dans la retraite des jours ignorés. Il avait même renoncé à la dernière partie du travail qu'il publie aujourd'hui, et, ne voulant pas entretenir le public ni de lui ni de ses persécuteurs, il ne poussait pas au-delà de l'année 1794 L'HISTOIRE DE LA GUADELOUPE, si difficile et si épineuse depuis cette époque contemporaine. Mais la calomnie ne se lassait point; prenant la circonspection pour de la timidité; croyant, parce que l'outrage viendrait de loin, pouvoir reproduire aujourd'hui les noirs mensonges de 1816, et flétrir la réputation d'un honnête homme avec le même succès qu'ils avaient attaqué sa vie, les ennemis de l'adjudant-général Boyer firent insérer dans l'almanach historique de la Guadeloupe, en juin 1822, l'article suivant :

1815. — « On commençait à goûter *le bonheur*, le com-
» merce renaissait, tout annonçait *la prospérité*, lorsque les
» événemens survenus en France vinrent plonger la colonie
» dans le deuil et lui faire craindre un changement qu'elle ne
» pouvait empêcher.

» Le gouverneur Linois fut entraîné par le commandant des
» troupes Boyer de Peyreleau. *Le* colonel Vatable *seul*
» *résista ;* quelques employés secondèrent les premiers, et le
» 18 juin on arbora le pavillon de la révolte. *Pas un homme*
» *estimé ni estimable* ne prit part à cette rébellion. La plus
» grande partie des gens de couleur resta fidèle à son Roi,
» *malgré les promesses et les menaces qu'on leur fit.* Cepen-
» dant l'on était sur le bord du précipice *et des mesures révo-*
» *lutionnaires renaissaient* quand l'île fut prise, le 10 août
» suivant, par sir James Leith et par l'amiral Durham. Les
» chefs français révoltés emportèrent la haine des colons *pour*
» *leur trahison,* et le mépris général pour leur *indigne*
» *conduite et leur lâcheté,* car ils ne surent ni se défendre ni
» mourir, et l'on prétend qu'ils *s'humilièrent au point d'ar-*
» *borer eux-mêmes le pavillon anglais* sur le morne Houel.
» Le comte de Linois et l'adjudant-général Boyer, arrivés en
» France, y passèrent à un conseil de guerre. »

Cet article et deux décrets de la Convention, maladroitement
rappelés, excitèrent dans toute la colonie un mouvement si vif
et si spontané d'indignation, que l'autorité, après avoir
approuvé la publication de cet almanach, se vit forcée d'en
arrêter la vente. Mais déjà un grand nombre d'exemplaires
avaient été livrés au public et plusieurs étaient parvenus
à Paris.

Forcé d'imposer silence à la calomnie qui cherche à tromper
la France, l'auteur de l'*Histoire de la Guadeloupe* se voit
donc contraint de mettre au jour la partie de son ouvrage qu'il
avait résolu de ne pas publier. La vérité va répondre au
mensonge ; si les faits sont accusateurs, il faut s'en prendre
à ceux qui l'ont mis dans la fâcheuse nécessité de les révéler.
Il n'a dit que ce qui était rigoureusement nécessaire pour lier

les événemens, pour confondre l'imposture, et s'est tu sur tout le reste. Non qu'il ait oublié ou qu'il ignore les choses et les documens sur lesquels il garde le silence ; mais parce que, dédaignant l'exemple qu'il a reçu, il se justifie et n'accuse pas. A cet égard, ceux-là même qui paraîtront lui tenir moins compte de sa discrétion, dans le secret de leur conscience lui rendront toute justice.

Cette publication devient d'autant plus nécessaire que M. de Linois, ayant tout récemment fait imprimer et distribuer à profusion l'extrait du jugement qui *l'a acquitté honorablement*, semble aussi ne vouloir exhumer le procès de la Guadeloupe, après sept ans d'oubli, que pour en faire de nouveau retomber tout l'*odieux* sur le colonel Boyer (1).

_____

(1) Les amis de l'amiral Linois, mort tout récemment, nous font assister aujourd'hui à un singulier changement de scène. Ce n'est plus le commandant en second qui aurait *entraîné* son chef ; l'amiral, au contraire, se serait élevé de lui-même et de prime-abord à la hauteur des événemens ; il aurait compris tout ce qu'exigeaient ses devoirs envers la France, et n'aurait montré ni hésitation ni arrière-pensée lorsque les couleurs nationales ont reparu à la Guadeloupe... Et M. de Linois aurait été *acquitté honorablement*, suivant le langage de 1825, comme ayant fait précisément tout ce qui dépendait de lui pour contenir l'élan des populations, et prévenir l'acte hardi du commandant en second !

Comment le complaisant biographe n'a-t-il pas vu que ce n'est pas en présence des contemporains qu'on entreprend de falsifier l'histoire ? Comment n'a-t-il pas compris qu'il serait aussi malaisé aujourd'hui d'ôter au général Boyer ce qui, dans les événemens de la Guadeloupe en 1815, est de nature à honorer son courage, son âme énergique et son patriotisme, que d'enlever au brave capitaine Troude la part qui lui appartient dans le beau combat d'Algésiras ? *(Note de l'Editeur, 1849.)*

AVERTISSEMENT DE L'ÉDITEUR.

(1849.)

Que la rapidité, l'imprévu et le retentissement continu des événemens contemporains aient le privilége de s'emparer de la génération actuelle, et de lui faire perdre, jusqu'à un certain point, le souvenir des époques les plus mémorables de notre histoire, personne sans doute n'a le droit de s'en étonner. Peut-être faut-il encore moins trouver étrange qu'en ce qui touche les hommes de la grande génération qui est près de s'éteindre, les faits particuliers, quoique dignes de l'histoire, qui marquèrent leur carrière publique, soient peu connus, si même ils ne sont oubliés.

La gloire individuelle se perd dans ce vaste ensemble de faits héroïques qui composent le monument moderne de la gloire nationale.

Il est toutefois un devoir particulier à chaque localité, devoir de patriotisme et de gratitude publique, qui consiste à raviver et à perpétuer la mémoire des citoyens éminens auxquels elle a donné le jour. Plus d'un exemple remarquable a déjà été donné ; chaque jour cette émulation gagne nos généreuses populations françaises, et il est consolant de pouvoir dire que, devant le nom de quelque grand citoyen, n'importe l'époque ou la bannière sous laquelle il ait servi son pays, elles savent faire taire pour un moment le bruit importun des discordes et des dissentimens du jour.

C'est mû par le sentiment d'un tel devoir, que l'Éditeur de cette publication a voulu la faire précéder d'une biographie du généreux vieillard qui cède en ce moment au vœu d'un grand nombre de ses concitoyens en leur adressant le tableau de l'événement le plus grave de sa vie, et par les amertumes personnelles qu'il y a rencontrées, et par sa coïncidence avec les douloureuses épreuves de la patrie.

La vie militaire et politique de notre compatriote a été esquissée plus d'une fois, soit dans la presse, soit dans des recueils historiques. C'est en puisant dans ces documens divers et dans des notes de famille que nous avons composé la notice que nous plaçons ici sous les yeux du lecteur, avec la certitude de répondre à ses sympathies et d'éveiller dans son cœur un juste sentiment de fierté patriotique.

NOTICE BIOGRAPHIQUE

SUR LE GÉNÉRAL BOYER-PEYRELEAU.

Le général BOYER-PEYRELEAU (Eugène-Édouard) est né à Alais le 18 septembre 1774. Son père, reçu avocat au parlement de Toulouse, jouissait d'une haute réputation de lumières et de probité. Il avait été, avant 1789, envoyé en mission à Paris et nommé député aux Etats du Languedoc.

Son frère aîné, Hugues Boyer, bien plus âgé que lui, eut une singulière destinée. Après qu'il eût fait à Paris une étude particulière des mathématiques, deux de ses oncles, l'un prieur et l'autre chanoine, voulurent le faire entrer dans la carrière ecclésiastique, et employèrent sur lui, pour le déterminer à embrasser cette vocation, toute l'autorité et toute l'influence que leur position leur donnait. Mais le genre d'études qui était l'objet des prédilections d'Hugues Boyer, l'indépendance de son caractère et un goût décidé pour la vie active, l'éloignaient si fort de la carrière de ses oncles que, pour se soustraire à leurs instances, il préféra s'engager dans le régiment de Vermandois, alors en route pour la Corse. Arrivé dans cette île, il fit la connaissance de la famille Bonaparte et eut le singulier honneur de donner les premières leçons de mathémathiques au jeune Napoléon. Dégagé bientôt du service militaire, Hugues retourna à Paris; il demanda et obtint de faire partie de l'expédition de La Pérouse, chargé par Louis XVI d'un voyage de découverte. Il s'embarqua à Brest le 1er août 1785, et à partir du commencement de l'année 1787 sa famille cessa de recevoir de ses nouvelles. Ce n'est qu'en 1827, on le sait, que le capitaine anglais Dillon, naviguant au nord des Nouvelles-Hébrides, dans l'Océanie, trouva sous l'eau des débris de navires et une multitude d'objets qui avaient évidemment appartenu aux naufragés de la *Boussole* et de l'*Astrolabe*. L'année suivante, le capitaine français Dumont-d'Urville visita le même lieu, recueillit aussi quelques débris du naufrage, et constata que c'était dans les récifs de la plus grande île du groupe de *Vanikoro* que La Pérouse avait péri. Il éleva sur le rocher un monument à la mémoire de l'infortuné navigateur et de ses compagnons.

L'aptitude spéciale d'Hugues Boyer pour les sciences d'application, son courage, son activité et l'esprit supérieur d'investigation dont il était doué, ne permettent pas de douter qu'un avenir brillant ne se fût ouvert pour lui dans l'immense carrière que la Révolution allait ouvrir, et où le génie civil et le génie militaire devaient, vingt-cinq années durant, déployer tant de ressources et enfanter tant de prodiges.

Eugène-Edouard BOYER, dont nous avons à nous occuper particulièrement, et qui, plus heureux que son frère, a marqué sa place dans cette mémorable période, achevait ses études au collége d'Alais quand la révolution de 1789 éclata.

Son père se retira alors à Milhaud, en Rouergue, où il le suivit. Lorsque parut la loi de la première réquisition, Boyer avait dix-huit ans. Sa vocation se déclare aussitôt; il suit l'élan patriotique qui transportait toutes les âmes jeunes et fortes : il part comme simple soldat. — Il entra dans le 9e régiment de dragons, et fit avec ce corps les campagnes de la Révolution en Italie. Il gagna à la pointe de l'épée ses premiers grades. Sa bravoure et son intelligence l'ayant fait remarquer de ses chefs, il fut chargé à plusieurs reprises d'une de ces missions à travers les lignes ennemies qui exigent autant de présence d'esprit que d'intrépidité. C'est en revenant d'une de ces expéditions, qu'escorté seulement de 25 dragons, il s'empara, près de Savigliano, d'une pièce de canon, presque sous les yeux d'une division de l'armée ennemie. Il assista aux plus brillans faits d'armes de cette dramatique campagne; son régiment qui, depuis l'arrivée du général Bonaparte, faisait toujours partie des avant-gardes, fut un de ceux qui s'avancèrent le plus près de la capitale de l'Autriche. Nos dragons n'étaient qu'à 25 lieues de Vienne lorsque s'ouvrirent les préliminaires de cette paix à jamais glorieuse que le jeune vainqueur d'Italie dicta d'abord à Léoben, et signa définitivement à Campo-Formio.

Pendant la paix de 1802, Boyer partit pour la Martinique avec l'amiral Villaret de Joyeuse, qui l'avait choisi pour son aide-de-camp. Pendant les sept ans qu'il passa dans cette colonie, sept ans employés à défendre l'honneur et les intérêts de la France contre les Anglais, il fut chargé par le capitaine-général de diverses missions diplomatiques et de confiance. — En 1803 et 1804, missions auprès des vices-rois et gouverneurs espagnols en Amérique; en 1805, mission à la Havane; en 1807, mission en France, par suite de laquelle il demeura huit mois prisonnier en Angleterre. —

Boyer justifia avec éclat, dans ces différentes occasions, la haute idée que le brave capitaine-général, qui se connaissait en hommes (1), avait de son mérite, et qui fut le fondement de l'amitié réciproque la plus dévouée, qui ne cessa qu'avec

---

(1) Le combat d'Ouessant, en 1794, où Villaret de Joyeuse, de simple capitaine créé tout-à-coup chef d'escadre, eut l'honneur d'essayer le premier les forces de la marine de la République contre l'Angleterre, sera un souvenir à jamais glorieux pour notre marine.

C'est de la main même du bailli de Suffren, qui le fit son aide-la vie même de l'amiral. Entre autres expéditions dans lesquelles Boyer se distingua particulièrement, nous signalerons celle dont il fut chargé en 1805, et qui demandait au plus haut degré de la prudence, du sang-froid et de l'intrépidité. Nous ne saurions mieux faire ici que de citer une page même des *Victoires et Conquêtes des Français*, monument qu'une société de militaires et de gens de lettres a élevé à la gloire de la France.

« Il s'agissait de reprendre aux Anglais le fort du Diamant,
» poste important qu'ils occupaient depuis dix-huit mois,
» pendant lesquels ils avaient travaillé à y former des établisse-
» mens et à ajouter par les ressources de l'art à ce que la nature
» avait déjà fait pour rendre inexpugnable cette position, à
» laquelle ils donnaient le nom de *Gibraltar des Antilles*. Une
» première expédition de l'amiral Villaret avait essayé, mais
» en vain, de faire attaquer le Diamant par des chaloupes ;
» pendant trois mois consécutifs la force des courans s'était
» opposée à ce que les embarcations pussent aborder le rocher.
» Cette fois, une division composée de deux vaisseaux, une fré-
» gate et deux corvettes fut chargée de transporter les troupes
» de l'expédition, au nombre seulement de deux cents hommes,
» qui furent placés sous les ordres du chef d'escadron Boyer.

---

de-camp, que Villaret avait été décoré, en 1782, à l'occasion d'une action d'éclat contre les Anglais, action qui lui valut, après qu'il eut été fait prisonnier, l'honneur singulier et peut-être unique d'être rendu immédiatement à la liberté par le chef de l'escadre britannique, frappé de l'héroïque audace dont le jeune lieutenant venait de faire preuve, pour déjouer ses projets.

» Les troupes se placèrent dans quelques chaloupes et se
» dirigèrent vers le seul point où il fût possible d'aborder. En
» même temps, le feu des bâtimens de la division força les
» Anglais à abandonner le bas du rocher et à se retirer dans les
» postes qu'ils avaient établis sur le sommet et dans des grottes
» situées à diverses hauteurs. De ces postes élevés, ils lançaient
» une grêle de balles et de mitraille sur les embarcations, qui
» parvinrent cependant à prendre pied-à-terre.

» Aussitôt débarquées, les troupes se répandent à droite et à
» gauche et sont bientôt maîtresses de la base du rocher ; mais
» c'est en vain que les soldats français cherchent à le gravir ;
» partout il paraît inaccessible (1). Retranchés dans leurs
» grottes et derrière des pointes de roc, les Anglais dirigent
» sur eux une vive fusillade, en même temps qu'ils font rouler
» du haut en bas quantité de boulets, de quartiers de roche et
» des tonneaux remplis de pierres. Bientôt le chef d'escadron
» Boyer voit sa position et celle des braves qu'il commande
» devenir plus critique : le courant éloigne de la côte les bâti-
» mens de la division expéditionnaire, et ils n'en peuvent plus
» recevoir ni protection ni secours. La faim même vient leur
» faire sentir ses tourmens ; les soldats n'ont point emporté de
» vivres, et dans les deux jours passés à bord des vaisseaux de
» l'expédition, le mal de mer a empêché la plupart d'entre eux
» de prendre aucune nourriture. Le commandant Boyer prend

---

(1) Les Anglais eux-mêmes n'y arrivaient qu'à l'aide d'échelles
de corde, qu'ils avaient eu soin d'enlever.

» alors le parti de faire réfugier ses troupes dans deux grottes
» abandonnées par l'ennemi, et de ne laisser au dehors que
» des tirailleurs chargés de découvrir quelque endroit par où
» l'on puisse tenter l'escalade, et arriver jusqu'aux premières
» positions occupées par l'ennemi ; il encourage ses compa-
» gnons d'armes et leur fait espérer que, à la faveur de la nuit,
» des canots leur apporteront des vivres et des munitions,
» ainsi que des échelles et des cordages, à l'aide desquels ils
» pourront donner assaut à quelque poste ennemi.

» Un renfort de 80 grenadiers, la découverte d'un magasin
» qui contenait quantité de biscuits et de rhum, l'arrivée d'un
» canot chargé de vivres et de munitions, ranimèrent les
» courages. Le commandant Boyer dressa un plan d'attaque,
» qu'il allait mettre à exécution, lorsque la bravoure de ses
» compagnons vint favoriser ses dispositions au-delà de son
» attente. Quelques tirailleurs étaient parvenus, comme par
» miracle, sur une espèce de plateau élevé de quarante pieds
» au-dessus d'un des postes occupés par les Français. Des
» bouts de cordes, qu'ils trouvent épars, sont noués par eux
» et fixés au rocher ; mais ils ne descendent pas à portée de
» leurs camarades. Ceux-ci saisissent une longue pièce de
» bois, la dressent contre le rocher, elle atteint les cordages ;
» une poignée de braves, malgré les efforts redoublés de
» l'ennemi, est bientôt sur le plateau. Ce bel exemple anime
» le reste des assiégeans d'une nouvelle ardeur, et de toutes
» parts le rocher est escaladé. Le feu de l'ennemi cesse tout-
» à-coup ; les Français s'apprêtent à gravir une nouvelle
» portion du rocher quand ils aperçoivent le pavillon par-
» lementaire. Boyer arrête aussi ses soldats, et, peu d'instans

» après, il règle une capitulation avec le commandant anglais,
» qui défile le lendemain devant lui à la tête de cent quatre-
» vingt-quinze hommes, reste d'une garnison à laquelle les
» Français avaient fait éprouver une perte assez considérable.

» La quantité de poudre, de boulets, de munitions de
» tous genres et de vivres, trouvée dans les grottes du
» Diamant, eût permis aux Anglais de tenir longtemps sur ce
» rocher, s'ils n'eussent pas été attaqués par des marins et
» des soldats habitués à ne regarder aucune position comme
» inexpugnable. On doit placer la prise du Diamant, à la-
» quelle 56 heures avaient suffi, au rang des plus beaux faits
» d'armes qui aient signalé la bravoure française. »

Le général Lauriston, qui commandait alors, comme aide-
de-camp de l'Empereur, les troupes qui étaient à bord de
la trop fameuse escadre de l'amiral Villeneuve, quand il
vit de ses yeux ce qu'il avait fallu de bravoure et d'audace
au commandant Boyer pour tenter l'assaut du Diamant, ne
put s'empêcher de lui dire : « *C'est un beau fait de guerre,*
» *qui peut vous mener loin.* » Il ne viendra pas sans doute à
l'esprit du lecteur de voir dans ces mots le présage du conseil
de guerre que ce même général Lauriston devait présider dix
ans plus tard, pour prononcer une condamnation à mort contre
le colonel Boyer !

Un livre destiné aussi à éterniser le souvenir des hauts faits de
nos armées, *Les Fastes de la Gloire*, s'exprime ainsi sur la conduite de Boyer à la Martinique : « En 1806, 1807 et 1808, la
Martinique, presque réduite à ses propres forces, eut beaucoup à souffrir de la guerre que lui firent les Anglais, qui

mirent tout ce temps à s'occuper des préparatifs d'une attaque
générale. Les Antilles n'avaient jamais été témoins d'une expédition aussi formidable. Douze mille hommes rassemblés à
la Barbade et un appareil immense d'artillerie étaient destinés
à agir contre la colonie française. A la fin de janvier 1809,
un convoi, protégé par quatre-vingt-deux bâtimens de guerre,
dont sept vaisseaux et trois frégates, vint opérer un débarquement sur plusieurs points de la Martinique. Avec de telles
forces c'était aisé de prévoir quelle serait l'issue de cette lutte
du nombre contre le courage. Néanmoins, les approches du
fort Bourbon furent vaillamment défendues, et le chef d'escadron Boyer trouva plus d'une fois l'occasion de se distinguer
dans les divers commandemens qui lui furent confiés. Une
garnison composée tout au plus de 1,500 hommes, et réduite
à se renfermer dans le fort, fit de fréquentes sorties. Les
Anglais réunirent toutes leurs forces de terre et de mer pour
un bombardement qui n'avait pas encore eu d'exemple dans
ces parages. Tous les établissemens du fort, qui n'a que six cents
toises de développement, furent écrasés et détruits. On fut
forcé de capituler au moment où la poudrière prête à faire
explosion, allait faire sauter la ville. Presque toutes les batteries du fort avaient été démontées, et l'ennemi, qui ne laissait
aucun instant de relâche, y avait déjà jeté dix mille bombes et
cinq mille boulets. Cette défense fit le plus grand honneur
au chef d'escadron Boyer. » Ajoutons qu'il eut de plus le
bonheur de sauver la vie au capitaine-général, son ami,
dans une de ces visites des travaux extérieurs de fortifications qu'ils avaient l'habitude de faire chaque jour ensemble.

Rentré en France avec l'amiral Villaret, Boyer fut envoyé à

l'armée du Nord, lors de l'invasion des Anglais à Flessingues. Il se hâta de revenir à Paris quand il apprit que la conduite de l'ancien capitaine-général de la Martinique, au sujet de la capitulation du fort Bourbon, était soumise au jugement d'une commission d'enquête. Il fit tout ce qu'il put pour éclairer la commission, et il lui appartenait, certes, mieux qu'à personne de certifier l'impossibilité et l'inutilité d'une plus longue défense; mais le chef de l'Etat, quoiqu'il fût convaincu, en pareil cas, que la conduite d'un commandant de place, mis en jugement pour avoir cédé à l'absolue nécessité de se rendre, fût irréprochable, n'aurait jamais permis une déclaration d'absolution pure et simple. Cela tenait à sa politique et à ses grands desseins. Aussi, Villaret de Joyeuse, malgré le blâme prononcé par la commission, ne perdit rien de la haute estime de Napoléon, qui lui confia plus tard le gouvernement général de Venise et le commandement de la douzième division militaire.

Malheureusement pour lui et pour son aide-de-camp Boyer, l'amiral Villaret fut toujours de la part du ministre Decrès l'objet d'une jalousie particulière et d'un mauvais vouloir systématique. C'est une chose connue de toutes les personnes bien au courant de l'histoire du temps; elles n'ignorent pas non plus que ce ministre, dont les services administratifs et la facilité de travail étaient d'ailleurs utiles à Napoléon, était sujet à d'étranges antipathies et à de fatales prédilections: témoin sa funeste obstination à soutenir l'amiral Villeneuve, que Napoléon voulut plusieurs fois remplacer avant Trafalgar.

Nous transcrivons ici avec plaisir un extrait d'une espèce de mémoire testamentaire que Boyer adressait à sa famille à une époque, déjà éloignée, où il croyait toucher à sa fin.

« La jalousie implacable, dit M. Boyer, qui a poursuivi le digne et brave amiral Villaret de Joyeuse jusqu'à sa mort, a pu obscurcir un instant les rayons de sa gloire, mais n'a servi qu'à donner plus de jour à son caractère et à sa grandeur d'âme. Je dois à ses cendres et au corps qu'il a illustré pendant long-temps de dire que je regarde comme le plus beau temps de ma vie les neuf années que j'ai passées sous ses ordres, à la Martinique et à Venise, et que l'intime confiance qu'il m'accordait m'a mis à même d'apprécier toutes ses vertus. »

Le chef et l'aide-de-camp étaient dignes l'un de l'autre et se rendaient une égale justice. Voici en quels termes l'amiral Villaret s'exprimait sur le compte de Boyer, à son retour de la Martinique, dans un document de famille que nous avons sous les yeux :

« Je me fais un plaisir et un devoir de rendre justice au zèle, à l'activité et à la bravoure peu commune dont mon aide-de-camp Boyer n'a cessé de donner des preuves, pendant les sept années qu'il a passées près de moi, et particulièrement à l'attaque du *Diamant*, qu'il a enlevé aux Anglais avec une audace au-dessus de tout éloge. Je le nommai chef d'escadron provisoire après ce glorieux fait d'armes, *à la sollicitation de toute l'armée.*

» Les fonctions de chef d'état-major, qu'il réunissait à celles d'aide-de-camp pendant le siége de la Martinique, l'ont mis à même de déployer tant d'instruction et de talent, dans les diverses attaques qu'il a commandées ou soutenues, que je ne doute pas qu'il soit élevé, dans le cours de cette guerre, au rang que son éducation, sa conduite et sa valeur lui assignent dans l'armée. »

Il n'en fut pas ainsi cependant; l'influence occulte du ministre de la marine fit méconnaître les titres militaires si brillans que Boyer rapportait de la Martinique : son avancement fut retardé. En 1811, il se décida à suivre à Venise l'amiral Villaret, qui avait conçu pour lui l'affection la plus vive. Au commencement de l'année 1812, le bruit de l'expédition gigantesque qui se préparait contre la Russie excita son ardeur guerrière; il résolut de quitter le repos de Venise, et, ayant dit adieu à son ami, qui devait mourir peu de mois après dans cette ville, il alla rejoindre en Allemagne les premiers corps de la Grande-Armée. Après le passage du Niémen, il fut fait adjudant-commandant chef d'état-major de la *vieille garde*. Le maréchal Lefebvre, qui avait le commandement de ce corps d'élite, se l'attacha de plus comme aide-de-camp.

Les fonctions que Boyer remplit durant toute la campagne le mirent à même de recueillir des notes auxquelles les hommes du métier et les écrivains militaires attachaient un prix particulier, comme très propres à jeter un grand jour sur cette campagne. Nous dirons à cette occasion que Boyer se fit remarquer toujours, dans le cours de sa carrière militaire, par la simplicité sévère de ses mœurs, par un goût constant pour l'étude et l'observation. C'est ainsi qu'il sut mettre à profit son long séjour dans les Antilles pour s'instruire à fond de tout ce qui tenait à leur histoire, à leurs destinées si agitées et si singulières, à leurs rapports avec la métropole et à leurs intérêts. Ces études et ces observations furent le premier fondement de l'*Histoire des Antilles françaises, depuis leur découverte jusqu'à nos jours*, que M. Boyer publia en 1823, ouvrage aussi

d

intéressant que complet, fruit de consciencieuses et opiniâtres recherches, faites tant sur les lieux mêmes que dans l'immense dépôt des archives de la Marine, et qui le mirent à même de tirer parti d'un grand nombre de documens inédits.

Nous n'avons pas besoin de dire que Boyer, des bords du Niémen à Moscou, dans toutes les affaires où l'Empereur, que la vieille garde suivait toujours, se trouva en personne, soutint sa bravoure ordinaire. Il suffit de rappeler que, par deux décrets datés de Moscou, il fut nommé tout à la fois chevalier de la Légion d'Honneur et baron de l'Empire. Mais il est un fait sur lequel nous nous plaisons à appeler particulièrement l'attention du lecteur, c'est l'immense service que Boyer rendit, au milieu des désastres de la retraite, au corps d'élite auquel il appartenait. Le lieutenant-général Lauriston lui-même, président du conseil de guerre devant lequel Boyer fut traduit après les Cent-Jours, n'hésita pas à déclarer, dans le cours des débats, que Boyer *avait sauvé la vieille garde dans la retraite de* 1812. Son énergie, sa prévoyance, ses dispositions toujours habiles et heureuses pour découvrir les silos de l'ennemi, assurèrent presque constamment les subsistances de première nécessité d'une troupe qui seule conserva ses armes du commencement jusqu'à la fin de la retraite, et qui, par sa bonne contenance, sauva peut-être l'armée d'un anéantissement complet.

La campagne de 1813 s'ouvrit; Boyer fut fait chef d'état-major de la troisième division de la cavalerie légère du premier corps de cavalerie commandé par le général Latour-Maubourg. On n'ignore pas les conséquences terribles que la retraite de

Moscou avait eues pour cette arme, qui, pendant la campagne de 1813, se trouva si déplorablement réduite qu'à Lutzen et à Bautzen, ces brillans retours de fortune, notre armée victorieuse se vit dans l'impuissance de faire des prisonniers. Qu'on juge d'après cela des efforts héroïques qu'eut à déployer, dans l'action des combats, le peu de cavalerie qui nous restait. C'est à la suite des batailles qui signalèrent la campagne de Saxe que Boyer fut nommé officier de la Légion d'Honneur.

Le premier corps de cavalerie ayant été presque détruit dans les batailles de Leipzig et dans la funeste retraite qui suivit, Boyer reçut l'ordre de se rendre auprès du général Duhesme, dans le corps d'armée du maréchal duc de Bellune. Il rejoignit ce corps à Molsheim, près Strasbourg, le 4 janvier 1814. Il prit part aux batailles sanglantes des mois de janvier, février et mars, et se signala dans tous les combats qui retardèrent la marche de la Coalition.

Le 24 mars, à la demande du maréchal Lefebvre et du lieutenant-général Duhesme, l'Empereur, sur le champ de bataille de Saint-Dizier, conféra à Boyer le grade de général de brigade. Il venait de l'investir de ce grade lorsque, ayant à traverser la Marne, dont le passage était contrarié par une batterie prussienne de plusieurs pièces de canon, il donna l'ordre au général Duhesme de débusquer cette batterie. Le général Duhesme, désignant aussitôt Boyer, lui cria d'une voix retentissante et en présence de l'Empereur : « Allons, Boyer, gagnez vos étoiles ! » Boyer, à la tête d'une poignée de braves, s'élance dans la rivière ; un instant après, le feu de la batterie avait cessé, et notre armée était sur l'autre rive. Ce fut là, on peut le dire, le dernier fait d'armes de l'Empire!

Le lendemain, l'on était à Fontainebleau. Le maréchal Lefebvre vint trouver Boyer aux avant-postes, sur la route d'Essonne, et lui dit : « Venez, allons chez l'Empereur chercher votre brevet. » Par un sentiment de noble réserve qui l'honore, et dont le duc de Dantzig fut profondément touché, Boyer refusa de se rendre au château. Le moment où Napoléon, accablé par le malheur, devait être en proie à toutes les préoccupations dont les dangers de la patrie remplissaient son âme, un tel moment ne lui parut pas convenable pour aller parler d'un intérêt privé. Les événemens ultérieurs ne permirent pas que la promotion du 24 mars fût régularisée; mais, qu'on ne l'oublie pas, Boyer a été fait général sur le champ de bataille, en présence de l'armée, et par l'Empereur qui se connaissait en hommes et n'égarait point ses choix.

L'armée fut dissoute et l'abdication de Napoléon délia les officiers de leurs sermens. Boyer, se rendit à Paris, et, sans aucune arrière-pensée, il demanda du service. La connaissance qu'il avait des colonies et la réputation de droiture et de bravoure qu'il avait laissée à la Martinique, le firent nommer, le 13 juin, commandant en second de la Guadeloupe. Il s'agissait de reprendre possession de celles des îles Antilles dont le traité de Paris, du 30 mai 1814, faisait restitution à la France et qui étaient en ce moment au pouvoir des Anglais. Boyer partit immédiatement, et eut à lutter tout seul, à la Guadeloupe, contre les difficultés inouïes que l'exécution du traité rencontra de la part des Anglais, le gouverneur de la colonie, le contre-amiral de Linois, ne devant s'y rendre qu'après que la reprise de possession aurait été effectuée. Par son énergie et sa vieille expérience il triompha de l'insolence et de la duplicité britannique, mais, par suite de l'insuffisance des ressources en hommes qu'un gouvernement malheureusement faible et dépendant lui avait permis d'amener, il ne put empêcher les actes de spoliation par lesquels les Anglais, comme d'habitude, signalèrent leur départ. Il dénonça et stigmatisa cette insigne déloyauté d'une *puissance amie* avec une courageuse indignation.

Nous touchons à la période la plus grave de sa vie, celle où se place une de ces causes politiques tristement célèbres qui ont marqué les commencemens de la seconde restauration d'un sceau ineffaçable. Les événemens des Cent-Jours à la Guadeloupe, le rôle principal que le commandant en second Boyer y joua, l'accusation capitale à laquelle ils donnèrent lieu, faisant l'objet de la présente publication, nous n'entrerons ici dans aucun détail, voulant laisser jouir le lecteur de l'intérêt qui résulte des incidens nombreux de ce mémorable épisode, auquel l'opinion nationale a attaché un souvenir de gloire qu'on tenterait en vain aujourd'hui de disputer au général Boyer (1). Pour ne présenter dans cette notice que les considérations qui, depuis le procès de 1816, ont été pour ainsi dire consacrées par le temps et les recherches de l'histoire,

---

(1) Allusion à la publication sur l'amiral Linois insérée dans le recueil périodique cité plus haut.

nous dirons que cette affaire de la Guadeloupe fut le résultat d'une double vengeance que l'on peut appeler de haute politique. Les Anglais, dont la politique implacable est connue, ne pouvaient pardonner à Boyer-Peyreleau un fait qui avait eu un grand retentissement maritime, la prise du fort du Diamant, ce *Gibraltar des Antilles;* ils ne lui pardonnaient pas non plus de les avoir dénoncés à l'Europe comme de vils spoliateurs. D'un autre côté, le gouvernement de Louis XVIII, outre sa dépendance malheureusement trop réelle à cette époque, pouvait bien avoir un grief particulier contre le commandant en second de la Guadeloupe. Il a été dit publiquement, et cela n'a pas été contredit (1), qu'au moment où Napoléon rentrait en France porté sur les bras des masses et de l'armée, Louis XVIII eut la pensée de se réserver ou de demander, pour lui et sa famille, la Guadeloupe et la Martinique, à titre d'apanage ou de résidence princière. C'est dans cette vue qu'auraient été écrites les instructions que le roi fit parvenir aux deux gouverneurs par l'intermédiaire de son ambassadeur à Londres, M. le comte de la Châtre, instructions qui leur prescrivaient formellement de ne laisser pénétrer dans ces deux îles *aucunes forces nouvelles, et de n'en remettre l'administration à qui que ce fût (2), sans*

---

(1) Voir notamment l'histoire des deux restaurations et des Cent-Jours par M. A. Vaulabelle.

(2) Les Anglais eux-mêmes n'étaient point exceptés, malgré leur titre *d'alliés.* En effet, leur remettre les colonies et leur en confier la garde, c'était s'exposer à ne pas les ravoir et compromettre de la manière la plus grave le sort du projet qu'on nourrissait à Gand.

l'ordre signé de la main du roi et contre-signé par M. de Blacas. L'initiative de la proclamation du gouvernement impérial à la Guadeloupe, prise, le 18 juin 1815, par le commandant en second Boyer-Peyreleau, coupa court aux incertitudes, et on se figure aisément quel dépit Louis XVIII et ses conseillers de Gand durent en ressentir. Le lendemain du 18 juin, en effet, un officier, M. Paviotte, neveu du lieutenant-général comte de Lardenoy, était envoyé par M. de Vaugiraud, gouverneur-général des Antilles, au commandant en second, pour lui apporter, de la part de Louis XVIII, son brevet signé de maréchal-de-camp, et cet officier, voyant le drapeau tricolore que le colonel Boyer avait fait arborer, fut obligé de reprendre sa route et de retourner sur ses pas. C'est de la bouche même de M. Paviotte, qui vint lui rendre visite à sa prison de la Force, que le colonel Boyer a eu plus tard connaissance de ce fait.

On vit avec peine, dans le cours du procès, le gouverneur de la Guadeloupe, le contre-amiral de Linois, séparer complètement sa cause de celle du commandant en second, et se présenter devant le conseil de guerre comme ayant été *entraîné* par lui. Une défense commune, en même temps qu'elle eût été plus digne de l'homme dont le nom est à jamais associé au souvenir brillant d'Algésiras, eût assuré probablement l'acquittement des deux accusés, et donnerait aujourd'hui le droit aux amis de M. de Linois, dans les hommages historiques qu'ils paient à sa mémoire, de revendiquer justement pour lui, sinon l'initiative, au moins une part commune avec Boyer de la résolution patriotique qui fut prise le 18 juin 1815, à 1,800 lieues de la métropole, sous les yeux mêmes des Anglais, qui entouraient l'île avec des forces formidables.

Boyer fut condamné à la peine de mort, *comme auteur, fauteur et instigateur*, porte le jugement du conseil de guerre, *de la révolte qui, le 18 juin, a fait passer la colonie de la Guadeloupe sous la domination de l'usurpateur.* Quant à Linois, il fut acquitté, *comme n'ayant pas été libre d'exécuter l'intention qu'il avait de remettre la colonie sous l'autorité du roi!* La peine capitale fut commuée en vingt ans de détention; Boyer fut cependant rendu à la liberté en 1818. A cette époque le temps s'était un peu adouci; Boyer reçut l'offre d'un service actif dans l'armée; il refusa par dignité. Il se maria peu d'années après avec une jeune veuve, qui était créole, dont il avait connu la famille à la Guadeloupe, et dont le père, M. Raphel, comptait parmi les négocians les plus riches et les plus estimés de la Pointe-à-Pître. Il se retira ensuite en Normandie, où il vécut tranquille jusqu'à la fin de la Restauration, dans un domaine appartenant à sa femme.

En 1830, dès que le nouveau régime fut installé, le général Deschalard, un ami du colonel Boyer, fut chargé d'aller lui annoncer que, par une décision prise en conseil des ministres, il était confirmé dans son grade de général, sous la condition qu'il accepterait le gouvernement-général de la Guadeloupe et qu'il partirait sur-le-champ. Boyer se rendit aux instances de sa femme et de quelques amis, qui lui représentèrent qu'à son âge, après une vie aussi agitée que la sienne, il se devait au repos ; il refusa les offres du gouvernement, malgré les brillans avantages qui étaient attachés alors au poste qui lui était proposé.

Aux élections générales de 1831, le collége électoral d'Alais choisit M. Boyer pour le représenter à la chambre des députés. Il alla siéger sur les bancs de l'opposition, et en cela il ne suivait pas seulement ses penchans politiques, il traduisait encore d'une manière fidèle les sentimens qui animaient alors la majorité des électeurs de ce collége. Aux élections suivantes, en 1834, M. Boyer sut que ses convictions politiques avaient cessé d'être en harmonie avec celles de l'arrondissement qu'il avait été appelé à représenter. Il crut devoir renoncer à la candidature, et il écrivit à ce sujet aux électeurs une lettre pleine de convenance et de dignité. « Pour moi, dit-il, je » ne saurais changer, je reste toujours le même, et puisque » je ne puis plus représenter l'unanimité des opinions libérales » à la prochaine législature, ma délicatesse me fait un devoir » de me retirer. D'ailleurs, à la Chambre qui va finir, et où j'ai » paru, je ne dirai pas avec éclat, mais avec conscience, » probité et désintéressement, ma santé s'est profondément » altérée ; et c'est tout ce que j'y ai gagné. Je n'en aurais pas » de regret si c'était au profit du pays. Le repos de corps et » d'esprit m'est devenu nécessaire, et c'est en vous renou- » velant mes remercîmens, que je vous adresse mes adieux » politiques les plus cordiaux et les plus patriotiques. »

M. Boyer retourna habiter le département de l'Eure, et là, ses habitudes de bienfaisance, les services multipliés qu'il

e

rendait par son intervention pour concilier des intérêts opposés, pour résoudre amiablement des difficultés judiciaires, mirent si bien en relief les qualités de son cœur et de son esprit, qu'une députation vint lui offrir la candidature de l'arrondissement de Verneuil. Il fut nommé député aux élections de 1837, bientôt aussi membre du conseil-général de l'Eure, et, en 1842, après deux réélections parlementaires, la perte complète de la vue le fit définitivement renoncer à la vie politique. Les électeurs de Verneuil insistèrent vivement pour qu'il acceptât encore le mandat législatif. Il se refusa aux instances d'une bienveillance si touchante; mais les électeurs voulurent lui donner une dernière preuve d'estime et de haute confiance en lui donnant pour successeur à la Chambre un candidat qu'il désigna lui-même à leurs suffrages.

A la perte de la vue se joignit bientôt pour M. Boyer une épreuve pour le moins aussi cruelle et qui vint déplorablement aggraver le malheur de sa position. Le 18 février 1845, il perdit une épouse adorée, femme non moins remarquable par la distinction de l'esprit que par les dons d'une âme tendre et élevée; *il perdit sa providence*, suivant son énergique et mélancolique expression, et c'est encore aux bontés de la meilleure des compagnes qu'il a dû de ne pas connaître le besoin dans sa triste vieillesse.

Pendant tout le cours de sa carrière parlementaire, M. Boyer se montra fidèle avant tout à un sentiment auquel il avait voué un véritable culte, le sentiment de l'honneur du pays. Ce sentiment, qu'il porta toujours à un degré très vif dans

son cœur et qui détermina presque tous ses votes, il le rat-
tachait aux traditions les meilleures et les plus vraies de la
grande époque où il avait vécu. Il n'était pas homme à se
prêter à aucune capitulation sur ce point ; aussi ne le vit-on
jamais parmi les flatteurs d'aucun des ministères du temps.
L'idée qu'il se faisait du mandat de député ne lui aurait
d'ailleurs jamais permis de rien solliciter ni accepter, soit pour
lui , soit pour les siens. Il vit passer avant lui tous les militaires de la Chambre ; il les a vus sortir avec des grades
supérieurs à ceux qu'ils avaient à l'origine de leur carrière
législative. Pour lui, il a aujourd'hui exactement les grades ,
les honneurs et les dignités qu'il a gagnés sur les champs
de bataille de l'Empire.

Nous aurons fait d'un seul mot l'éloge des hautes qualités
qui, chez le général Boyer, distinguent l'homme privé, quand
nous aurons dit qu'elles lui ont valu des amitiés dans toutes
les opinions politiques. La droiture, le désintéressement, la
simplicité de mœurs , la bienfaisance, le patriotisme élevé
et ferme , mais point bruyant ni intrigant, ne sont pas toujours sûrs d'être appréciés des partis, à travers les vicissitudes
que les révolutions amènent. M. Boyer a eu le rare bonheur,
militaire ou député, d'être constamment honoré de tous , et
c'est cette estime civique qui fait encore la consolation et le
charme des vieux jours du guerrier aveugle.

ÉVÉNEMENS
DE LA GUADELOUPE
EN 1814 ET PENDANT LES CENT JOURS.

LIVRE TREIZIÈME (*).

Reprise de possession de la Guadeloupe par les Français.

CHAPITRE PREMIER.

Traité de Paris, en 1814. — Ses dispositions relativement aux colonies. — Influence de l'Angleterre sur la diplomatie de l'Europe. — Départ d'une première expédition chargée d'aller reprendre possession de la Martinique et de la Guadeloupe.

Durant une période de douze années, l'alliance du génie et de la fortune avait étendu la gloire, les conquêtes et la domination de la France, des co-

(*) L'auteur a cru devoir conserver l'ordre et les numéros des livres tels qu'ils sont dans son ouvrage en trois volumes.

1

lonnes d'Hercule au détroit de Messine, et des rives
de la Vistule aux bouches de Cataro. L'Europe con-
tinentale presqu'entière obéissait à ses lois, ou
cédait à l'influence de ses conseils. Mais les expéditions d'Espagne et de Russie, l'étendue d'une ligne
d'opérations que ne pouvaient plus embrasser, en
1813, les forces épuisées de la France, et la défec-
tion de ses alliés, furent les causes principales qui
renversèrent l'échafaudage gigantesque du trône
impérial. Le rétablissement des Bourbons fut le
résultat de sa chute. La nation, lasse de la guerre,
s'élança, avec un généreux abandon, dans les bras
de cette famille, qui venait de faire une longue et
douloureuse expérience des vicissitudes de la fortune.
Louis XVIII, en garantissant, par la charte qu'il
donna aux Français, la jouissance des droits civils
et politiques, acheva d'aplanir les difficultés, que les
hommes nouveaux et les intérêts créés par la révolution pouvaient opposer au paisible rétablissement
du trône des anciens rois. La paix ramena la France
à ses limites du 1er janvier 1792, et l'Europe à son
ancien système politique.

Mais bientôt les rois de l'Europe, après avoir sol-
lennellement déclaré *qu'ils n'avaient fait la guerre qu'à
la personne de l'empereur, et qu'ils voulaient maintenir
la France grande, forte, et dans une intégrité de territoire qu'elle n'avait jamais connue sous ses rois*, lui
reprirent non-seulement les conquêtes de Napoléon,
mais encore les acquisitions qu'elle avait faites, avant
lui, en prétextant l'éternelle nécessité d'un juste

équilibre. Notre patrie se vit ravir en un jour les fruits de vingt ans de travaux, de combats et de sacrifices. Privée désormais de ses limites naturelles, elle n'aura plus la consistance que son rang et son poids dans la balance de l'Europe lui assignent. Toutes les autres grandes puissances conservèrent les adjonctions territoriales qu'elles devaient aux succès d'un moment; la France seule fut amoindrie et abaissée au dessous de ce qu'elle était en 1788.

Le traité de Paris, du 30 mai 1814, régla les conditions onéreuses que lui imposa la vengeance.

Dans cette circonstance, on vit l'Angleterre, toujours fidèle à sa vieille inimitié envers la France, comme à son système d'envahissement maritime, d'un côté, user sans générosité de la faveur des circonstances pour opprimer sa rivale, et de l'autre, se réserver, sur tous les points du globe, des postes offensifs contre les autres peuples (1).

---

(1) On regarde comme le fruit d'une politique savante et profonde l'empire que l'Angleterre a pris sur les cabinets du continent. Tout son grand secret est dans les coffres de sa trésorerie. Depuis 1793 jusqu'en 1814, elle a tenu à sa solde les puissances de l'Europe, *la Saxe exceptée.* Les coalitions lui ont coûté 1,106,447,075 fr. et les mouvemens qu'elle excita en France en 1814, 4,800,000 fr. Si l'on joint à ces énormes déboursés, les frais de la campagne de 1815, les frais de trahison et de corruption, qui ne sont jamais ostensiblement portés en compte, et dont le montant atteindrait, à ce qu'on assure, le budget annuel d'une puissance du premier ordre, on ne sera pas étonné de l'influence que l'Angleterre exerce sur la diplomatie européenne; elle a acheté cette influence assez cher.

1.

Par ce traité de 1814, l'Angleterre obligea la France à lui céder les îles de Tabago et de Sainte-Lucie, l'île de France, celle de Rodrigue, les Séchelles, et à souscrire à la condition humiliante de n'élever aucune fortification et de n'entretenir que quelques soldats de police dans les établissemens éphémères qui lui furent restitués sur le continent indien. Elle dut se résigner à la cession à l'Espagne de la partie de Saint-Domingue qu'elle avait acquise par le traité de Bâle, en 1795.

Le cabinet de Saint-James consentit, cependant, à rendre à la France l'île de la Martinique ; celui de Stockolm céda ses droits sur la Guadeloupe, encore au pouvoir des Anglais ; et les Portugais restituèrent la Guyanne française. Ce fut là tout ce que la France put obtenir de ses anciennes possessions en Amérique.

En conséquence de ce traité, le roi nomma, le 13 juin 1814, pour la Martinique, gouverneur, le vice-amiral comte de Vaugiraud ; intendant, le chevalier Louis Dubuc ; commandant en second, le baron de La Barthe ; et pour la Guadeloupe, gouverneur, le contre-amiral comte de Linois (1) ; intendant, le chevalier de Guilhermy, et commandant en second, l'adjudant-général baron Boyer-Peyreleau.

L'expédition qu'on préparait pour ces deux colonies ne pouvait être prête avant quelques mois, il

_____

(1) Allié de la famille Dubuc.

fut décidé que les deux commandans en second partiraient sans délai, avec un ordonnateur, pour aller, en qualité de commissaire du roi, recevoir les îles des mains des Anglais, pour les gouverner et les administrer provisoirement, jusqu'à l'arrivée des premiers chefs.

Trois cents hommes du 70e régiment d'infanterie, une compagnie de 60 canonniers du 6e régiment, et 74 ouvriers militaires du génie maritime, furent les seules troupes destinées à la reprise de possession de chaque colonie.

Sur les représentations du commandant en second de la Guadeloupe, on lui délivra à l'instant du départ 400 fusils pour être remis aux compagnies de gardes nationales que les Anglais avaient désarmées. Ce fut avec de si faibles moyens que les chefs de la première expédition s'embarquèrent sur le vaisseau le *Lys*, armé en flûte (1), commandé par le capitaine de vaisseau Milius, ayant sous ses ordres la frégate l'*Erigone*, capitaine de frégate Rigny, et la corvette le *Vésuve*, capitaine de frégate Missiessy. Ces bâtimens partirent de Brest le 1er septembre, pour se rendre d'abord à la Martinique.

Les commissaires du roi étaient porteurs d'une dépêche du prince régent d'Angleterre, contre-signée du ministre lord Bathurst, et adressée à

_____

(1) Ses canons étaient dans la cale, parce que les Anglais ne permettaient pas encore à la France de faire sortir de ses ports un vaisseau armé.

chaque gouverneur anglais, pour faciliter la remise immédiate des colonies. Leurs instructions portaient que, « d'après la décision du roi, du 27 juillet, ils y » établiraient le service et l'administration sur le » pied où ils étaient en 1789, conformément au » règlement du 24 mai 1763, modifié par l'or- » donnance du 25 janvier 1765, et par celle du » 2 décembre 1783, sans rien changer néanmoins » à ce qui existait relativement au nouveau code » français mis en vigueur, en 1805, avec quelques » restrictions. »

Deux jours après le départ, le *Vésuve* signala une voie d'eau considérable; le commandant Milius lui ordonna de se rendre au point de relâche le plus voisin, sur la côte d'Espagne, pour se réparer. La frégate eut ordre de l'y convoyer, et de faire route aussitôt après avoir pris à son bord les troupes et le matériel dont le *Vésuve* était chargé.

CHAPITRE II.

La Martinique et la Guadeloupe font éclater des transports de joie à l'arrivée des Français. — Les Anglais déclinent les ordres du prince régent, et diffèrent de restituer ces deux colonies. — Lutte qui s'établit à la Guadeloupe entre les commissaires du roi et les autorités britanniques. — Spoliation scandaleuse de l'Ile.

LE vaisseau le *Lys* arriva à la Martinique le 10 octobre ; la frégate l'*Erigone* s'y trouvait depuis cinq jours. Les habitans saluèrent et accueillirent avec de vives démonstrations de joie ceux qui venaient les rendre à l'ancienne métropole.

Rien ne semblait s'opposer à l'effusion de leur joie et à l'accomplissement de leurs vœux. L'article 14 du traité du 30 mai portait que la Martinique et la Guadeloupe seraient remises à la France trois mois après la ratification de ce traité, c'est-à-dire dans les premiers jours de septembre. La surprise et la consternation succédèrent bientôt à l'allégresse, lorsqu'on vit les Anglais refuser de remettre la colo-

nie, sous prétexte qu'ils n'avaient point reçu d'instructions de leur gouvernement, et qu'ils manquaient
de bâtimens pour transporter leurs troupes.

L'espoir d'être plus heureux à la Guadeloupe,
détermina l'adjudant-général Boyer, commandant
en second de cette île, à presser, pour s'y rendre,
son départ de la Martinique. Des officiers de l'expédition, il était le seul à qui une opération de cette
nature n'était point étrangère. Il avait en effet, en
1802, coopéré, comme aide-de-camp, à la reprise
de possession de la Martinique, faite par l'amiral
Villaret; mais alors une expédition complète, tant
en personnel qu'en matériel, portée par une escadre
de vaisseaux et de frégates, contribua, non moins
que le caractère et le rang du capitaine-général, à
donner de la grandeur et de la dignité à cette entreprise. Mais, en 1814, la mesquinerie des moyens, et
trois expéditions arrivant à des mois de distance
les unes des autres, ne permirent pas de donner à un
acte de ce genre rien de ce que semblaient demander
la dignité et la puissance d'une grande nation.

Le vaisseau le *Lys*, parti le 14 octobre, arriva le
lendemain à huit heures du matin dans la rade de
la Basse-Terre. A la Guadeloupe, comme à la Martinique, l'apparition des Français chargés de ramener
à la métropole une colonie dévouée, y fit éclater les
transports d'une joie inexprimable. On pouvait juger,
par les cris et les démonstrations des habitans de
toutes les classes et de toutes les couleurs, accourus
sur le rivage, combien était profond et sincère leur

attachement pour la France. Des canots vinrent en foule environner le vaisseau ; le son des instrumens et les chants chers aux Français retentissaient de toutes parts. Tous les habitans de la ville se présentèrent pour servir d'escorte aux commissaires du roi. Ils voyaient en eux les libérateurs qui venaient les rendre à la mère-patrie, et les soustraire au joug de l'étranger, si humiliant et si dur lorsqu'il est imposé par des mains qui furent françaises (1). La population tout entière, dont tant de souvenirs et d'espérances à la fois exaltaient les sentimens, était plongée dans une espèce d'ivresse et de délire.

Le gouverneur anglais, que les commissaires trouvèrent seul d'abord, se montra surpris des ordres dont ils étaient porteurs, et un moment, néanmoins, il parut prêt à faire la remise de la colonie. Mais, entre la première et la seconde entrevue, ayant consulté le transfuge qui était à la tête de l'administration civile, il ne fut plus occupé qu'à

---

(1) Dubuc Saint-Olympe avait quitté la Martinique, où il était notaire, pour venir se mettre à la tête de l'administration anglaise, dont la France eût tant à souffrir. Lorsque le commandant en second, Boyer, qui avait fait toute la campagne de Russie comme chef d'état-major de la garde impériale, arriva à la Guadeloupe, quelle ne fut pas son indignation d'apprendre que le transfuge Saint-Olympe avait poussé l'impudeur jusqu'à faire chanter un *Te Deum* dans cette île française pour célébrer *l'annihilation de l'armée française en Russie !* ce furent les termes mêmes de la proclamation. La colonie entière refusa de paraître à cette honteuse parade, qui n'eut pour témoins que cinq ou six renégats de la société intime de Dubuc.

2.

chercher des prétextes pour éluder, ou du moins pour retarder l'exécution du traité. La colonie n'était pas entièrement dépouillée ; il s'agissait de gagner du temps, afin de pouvoir enlever tout ce qui n'avait pas encore été pris.

Le premier jour, la ville de la Basse-Terre fut spontanément illuminée ; une seule maison, située sur le Cours, n'était pas éclairée : c'était celle de Dubuc Saint-Olympe, l'administrateur des Anglais. Des fusées, lancées sur les fenêtres, le forcèrent de se souvenir que, s'il s'était mis à la solde des étrangers, il n'en était pas moins né sur le sol de la France ; et la ligne des feux cessa d'être interrompue.

La lutte qui s'établit entre les commissaires français et le gouverneur Skinner, dirigé par son conseiller intime, fut longue et opiniâtre. Les commissaires s'adressèrent au général Leith, commandant en chef, résidant à Antigues. Ce général mit, dans ses rapports avec les délégués du roi de France, des formes plus convenables, mais ses réponses n'étaient pas moins captieuses que celles que Saint-Olympe dictait au gouverneur Skinner.

Les Anglais avaient calculé que la France ne pourrait reprendre possession de ses colonies qu'après la clôture du congrès de Vienne (1). L'arrivée

_____

(1) Ce congrès, d'après l'article 32 du traité de Paris, devait se réunir dans le délai de deux mois ; il ne s'ouvrit que cinq mois après, le 3 novembre. Les Anglais en avaient espéré des modifications qui pourraient leur permettre de se maintenir dans la possession des Antilles françaises.

des commissaires du roi trompa leur prévoyance ; ils osèrent décliner les ordres du prince régent ; peut-être y avaient-ils été secrètement autorisés, et l'on vit se renouveler, en 1814, l'exemple de déloyauté donné, en 1763, par la même nation, lorsque le gouverneur-général la Bourlamarque fut laissé, pendant 39 jours, sur la rade de la Basse-Terre, avant de pouvoir obtenir l'exécution du traité qui rendait la Guadeloupe à la France.

Pendant que le général Skinner et Saint-Olympe éludaient, sous différens prétextes, la remise de la colonie, le vaisseau *le Vénérable*, la frégate *la Barossa*, et d'autres bâtimens, étaient employés, chaque nuit, à enlever tout ce qui pouvait être embarqué. C'est ainsi que les Anglais exécutaient un article du traité (l'art. 11), portant que la colonie serait rendue à la France dans l'état où elle se trouvait au moment de la signature (30 mai 1814). Des procédés aussi étranges donnèrent lieu à de vives représentations de la part du commandant en second (1) ; mais

----

(1) Le contre-amiral anglais Durham montait le vaisseau le *Vénérable*; il fut irrité des représentations du commissaire français, dont il trouva le moyen de se venger cruellement plus tard, même après le procès de la Guadeloupe. — Cependant ces représentations n'étaient que trop fondées, ainsi que *le Courrier de Londres* en fait foi. On y lit sous la date du 25 octobre 1814 : « Le brick *l'Espiègle*, arrivé des Saintes, à la Jamaïque, rapporte qu'à son départ, l'amiral Durham était occupé à faire » enlever l'artillerie et les munitions de la Martinique et de la » Guadeloupe, préalablement à la remise de ces îles à la France. »

elles n'eurent aucun effet (1). Il demanda la permission de débarquer ses malades, dont le nombre croissait chaque jour parmi les soldats, resserrés à bord du vaisseau et affaiblis par les fatigues d'une longue traversée. Le général Skinner, quoiqu'il eût 3,000 hommes de troupes anglaises sous ses ordres, s'y refusa absolument pendant quelque temps. A la fin, vaincu par la persévérance du commandant en second, il consentit à le laisser établir ses malades dans une maison particulière, près du fort. Cette maison fut prise à loyer et convertie en hôpital.

La ville de la Basse-Terre, consternée de la conduite des Anglais, offrait avec empressement tout ce qui pouvait soulager les Français, et ne cessait

---

(1) Le commandant en second ne tarda pas à s'apercevoir qu'une intelligence s'était secrètement établie entre l'administrateur anglais et l'ordonnateur français. Celui-ci, créole de Saint-Domingue, de très petit sous-commissaire était devenu, tout-à-à-coup, *ordonnateur, chevalier de Saint-Louis et commissaire du Roi* pour la reprise de possession de la Guadeloupe, sans qu'aucun titre justifiât tant de faveurs. Ayant à vaincre une prévention fâcheuse dans ces contrées e. nanquant d'expérience, il sentit le besoin de se donner un guide et d'avoir un appui contre l'opinion. On le vit alors, avec un triste étonnement, s'attacher à l'agent des ennemis de son pays, s'entourer des créatures du transfuge qui administrait pour le compte des anglais, afficher pour eux un dévoûment absolu, et affecter les hauteurs et les prétentions ambitieuses de l'homme dont il devint le disciple le plus soumis. Suivant, dans ses opérations administratives, les dangereuses leçons de ce maître, plus habile que lui en affaires et qui avait tant d'intérêt à l'égarer, il finit par être, comme lui, l'objet des plus sévères appréciations.

de se plaindre de l'accord déplorable qui régnait
entre l'ordonnateur et l'ennemi le plus déclaré des
intérêts de la France. Cette intimité donnait lieu aux
bruits les plus étranges parmi les habitans, et leur
faisait concevoir des craintes d'autant plus fondées
pour l'avenir, qu'ils avaient vu l'administrateur
anglais convertir des sommes considérables en papier
sur Londres, et vendre, pour 400 fr., pour 300 fr.
et même pour 200 fr., des libertés dont il avait fait
trafic depuis 1810, et qu'il délivrait à si bas prix
et avec tant de profusion depuis l'arrivée des
Français !

CHAPITRE III.

Nouveaux prétextes des Anglais pour différer la remise de la Guadeloupe. — Les Français débarquent et s'établissent au camp de Boulogne. — Départ du vaisseau le Lys. — Bruits alarmans répandus par les Anglais. — Le commandant français parvient à soustraire à leur rapacité les cargaisons des navires marchands de la métropole.

VINGT jours s'étaient déjà écoulés en stériles démarches, lorsque l'amiral Cochrane, arrivant, le 3 novembre, de la Chesapeack, sur le vaisseau à trois ponts *le Tonnant*, donna lieu d'espérer que nous allions enfin voir le terme des refus et des incidents dilatoires. Mais les tentatives du commandant en second Boyer près de cet amiral furent également sans succès; il n'en obtint que des promesses illusoires, et l'amiral remit à la voile, laissant la colonie bien convaincue qu'il n'y était venu que pour concerter les moyens de vider la caisse coloniale (1).

(1) Au moment où il appareillait, le commandant français,

Les instances et la fermeté du commandant en second avaient enfin vaincu les obstacles opposés au débarquement total des troupes. Le 17 novembre, le débarquement eut lieu, et les troupes furent établies au *camp de Boulogne*, où cette faible expédition se trouva bientôt réduite à ses seules ressources. Le vaisseau *le Lys* partit pour la France, le 22 novembre, laissant quelques provisions, 2000 cartouches et un baril de poudre. Après son départ, les Anglais et leurs adhérens ne se donnèrent plus la peine de se contraindre devant une poignée de Français ainsi isolés. Pour les inquiéter, ils semèrent les bruits les plus alarmans, et tendirent à la bonne foi des habitans un piége affreux, qui pouvait provoquer les plus grands malheurs dans la colonie. Le 26 novembre, au moment où la place du Cours était couverte d'une foule avide des nouvelles qu'apportait le paquebot (1), ils feignirent d'avoir reçu l'avis d'une déclaration de guerre, et de la marche d'une armée française contre les Anglais, en Belgi-

---

continuant à lui représenter que cette caisse était la propriété de la colonie, et que l'administrateur Saint-Olympe avait écrit en France qu'elle contenait de fortes sommes en espèces, l'amiral répondit qu'elle renfermait à peine 2,000 gourdes, (18,000 livres coloniales.)

(1) Les bâtimens légers appelés *packet-boats*, partent régulièrement de Falmouth, dans les premiers jours de chaque mois, pour porter aux colonies anglaises et en rapporter les lettres et les passagers qui y vont et ceux qui en reviennent.

que. Ils espéraient, en répandant cette fausse nouvelle, que la population de la colonie se porterait à des mouvemens séditieux, dont ils pourraient se faire un prétexte pour exercer des actes de rigueur et se maintenir plus longtemps dans leur possession. Mais le commandant français déjoua toutes ces trames ; par de sages dispositions, il parvint à mettre ses troupes en position de se faire respecter. Les fusils et les cartouches venus de France furent portés au camp. Il organisa, en secret, des campagnies de gardes nationales, dont l'esprit était excellent, la haine contre les Anglais hautement prononcée, et qui, au premier signal, étaient prêtes à courir aux armes.

Le commandant français ne cessait de protester avec force contre l'injuste et scandaleuse spoliation de la colonie; il en pressait la remise à la France, en se prévalant des ordres du régent et de l'affection particulière de ce prince pour le roi de France.

Saint-Olympe avait eu communication des instructions que le gouvernement français avait données à ses délégués, et il se faisait fort de leur teneur pour refuser de rendre compte des caisses locales, dont ces instructions ne parlaient pas d'une manière spéciale. Le concert entre cet administrateur et l'ordonnateur français fut tel, qu'ils crurent pouvoir prendre entre eux des mesures relativement aux finances de la colonie et à l'emploi des fonds qui se trouvaient dans les caisses. Le commandant en second ne fut pas plus dupe de ces intrigues,

qu'il ne l'avait été des bruits fabriqués par les ennemis de la France, et des nouvelles alarmantes
qu'ils venaient de répandre. Il en fit de vifs reproches à l'homme que la faveur et une aveugle confiance lui avaient donné pour collègue, dans une
mission devenue si épineuse; et persistant à réclamer
l'exécution des traités, sa constance lui valut enfin
un premier succès. Une douzaine de bâtimens de
commerce, partis des ports de France, sur la foi
du traité de Paris, étaient arrivés successivement à
la Pointe-à-Pitre, chargés de denrées pour la Guadeloupe, qu'ils croyaient remise aux agens du roi.
Ils la trouvèrent encore occupée par les troupes et
les autorités britanniques. Les lois prohibitives anglaises s'opposaient à la vente de ces cargaisons.
Pour mettre à profit cette circonstance, l'administrateur Dubuc Saint-Olympe proposa d'autoriser
cette vente, mais en prélevant, au profit des Anglais,
le droit énorme de dix pour cent sur les marchan-
dises nouvellement arrivées. Il ne restait plus alors
que 1400 hommes de troupes anglaises dans la
colonie; tout le reste avait été embarqué, et le
général Skinner, ne voulant pas s'exposer à la résistance qu'il était certain d'éprouver de la part du
commandant en second, appuyé par toute la colonie, fut retenu par la crainte qu'une taxe si injuste
et si onéreuse n'occasionnât quelque soulèvement;
il refusa de l'établir. Le transfuge Dubuc, désolé de
perdre cette belle proie, s'en vengea en dépeignant
le commandant sous de noires couleurs; il se plaignit

des moyens qu'il avait mis en œuvre pour obtenir le débarquement des troupes françaises, reprocha au gouverneur de l'avoir permis, et lui fit entendre que la cour de Londres l'en rendrait responsable, si le congrès de Vienne venait à se dissoudre. Le général persista dans son refus, et dit avec impatience : *Je ne puis voir dans ce commandant qu'un envoyé du roi de France, à qui la colonie devrait être remise depuis le 15 septembre, ainsi que tous les fonds existans dans les caisses locales, et je ne sais pas pourquoi l'on me force à les retenir !*

Le commandant en second parvint ainsi à soustraire aux mains de l'agent des Anglais les propriétés des commerçans français ; mais il ne put garantir celles de la colonie. Les nombreux canons de bronze, les affûts, les munitions, les approvisionnemens de toute espèce, tout, jusqu'aux barres de fer déposées depuis 25 à 30 ans dans l'arsenal, fut enlevé avec la rapacité la plus minutieuse et sous les yeux des Français indignés, mais spectateurs impuissans de ces actes d'une révoltante iniquité.

Dans le dessein de semer la division entre les hommes de couleur libres et les blancs, et d'allumer parmi eux le flambeau de la discorde, le génie du mal qui planait sur la Guadeloupe, il propagea le bruit d'un complot d'insurrection formé par les gens de couleur. Ils devaient, disait-on, profiter de l'instant du départ des Anglais pour se révolter. Ce bruit acquit de la consistance par l'abandon affecté de toute mesure de police relativement à l'introduction des nègres émissaires de Saint-Domingue, des gazettes, des proclamations et des papiers incendiaires de toute espèce.

Chaque jour ajoutait à l'état d'exaspération de la colonie, lorsque, le 5 décembre, le général en chef, James Leith, arrivant de la Martinique, dont il venait de faire la remise aux Français (cette île avait aussi été scandaleusement spoliée) mouilla dans la rade de la Basse-Terre pour procéder enfin à la remise formelle de la Guadeloupe.

Le commandant français exposa avec tant d'énergie et de vérité les droits de la colonie sur les caisses locales, dont l'administrateur transfuge ne pouvait se résoudre à se déssaisir, et sur les camps de *Saint-Charles* et de *Beau-Soleil*, qu'il voulait faire démolir pour en vendre les matériaux, que le général Leith lui dit : *J'avoue que j'étais arrivé ici persuadé que tout cela appartenait à S. M. B.; je me range à présent à votre avis, et j'imagine qu'il en est ainsi du général Skinner.* Mais celui-ci, avant de répondre, se réserva d'en conférer avec son conseiller intime. Dans la même entrevue, le général Skinner chercha longtemps à s'opposer à la reprise de possession, mais il fût enfin convenu que le lendemain, 7 décembre, le pavillon français serait arboré à la Guadeloupe, et le gouvernement civil remis aux commissaires du roi. Les Anglais s'engagèrent à ne conserver que le fort Richepance, la douane et le gouvernement militaire, que pendant 24 ou 36 heures au plus, sous la garantie qui leur fut donnée par le commandant en second , que leurs bâtimens de transports seraient protégés le long des côtes contre les corsaires des États-Unis.

Le même jour , le procès-verbal de restitution de la colonie aux Français fut signé, par anticipation, à cause du départ précipité du général Leith , qui mit à la voile aussitôt pour Antigues. En partant, il assura de nouveau le commandant français qu'il n'éprouverait plus de difficultés pour la remise de la caisse coloniale (1). Mais avec ce général disparurent jusqu'aux apparences d'honnêteté et de franchise dont les Français n'avaient eu lieu de se louer que pendant les 36 heures qu'il resta avec eux. Rapportons ici un fait qui précéda de quelques instans la remise du gouvernement provisoire de l'île au commandant en second de l'expédition française.

Dans la soirée du 5 décembre , il y avait eu sur le Cours une violente rumeur favorisée par le désordre où la colonie se trouvait plongée. C'était l'administrateur des Anglais, Dubuc Saint-Olympe , qui en était le sujet. Cet homme avait soulevé l'animadversion publique à un tel point que , le 6 au matin , au moment où il rentrait chez lui, il fut

---

(1) En signant le procès-verbal, le général Leith lui dit : » Soyez tranquille , le général Skinner vous laissera la caisse » coloniale sans restriction ; et dans le cas où il croirait devoir » en référer aux deux gouvernemens, je lui ai prescrit, d'après » vos besoins, de vous en laisser la jouissance en attendant » leur décision. »

arrêté et renversé de cheval par un blanc, qui se disait outragé, et dont la famille avait plus particulièrement souffert de l'odieux trafic des farines. En un clin d'œil, un attroupement considérable se forma sur le lieu de cette scène. Le commandant français accourut, et, quoiqu'il ne fût pas encore en possession du gouvernement il parvint par sa fermeté à dissiper la foule et à sauver l'administrateur de la fureur publique (1).

(1) Cet administrateur rendit alors publiquement grâces au commandant en second de la protection généreuse qui venait de lui sauver la vie; plus tard il fut un de ceux qui poursuivirent avec le plus d'acharnement celle de son bienfaiteur.

CHAPITRE IV.

Prise de possession de la colonie. — Les Anglais man-
quent aux conventions établies. — La spoliation est
telle qu'il ne se trouve ni canon ni poudre, à la Pointe-
à-Pître, pour saluer le pavillon du roi de France. —
Arrivée du gouverneur français. — Remise de la caisse
coloniale. — Déficit.

En prenant possession de la Guadeloupe il était
urgent de ramener la confiance et le calme dans les
esprits ; il fallait contenir les agens secrets qui avaient
pu se glisser dans la colonie et auxquels le départ des
Anglais et le petit nombre de troupes françaises qui
s'y trouvaient, pouvaient donner l'espoir d'opérer
des soulèvemens.

Le commandant en second , gouverneur par *in-*
terim, s'empressa de publier une proclamation rassurante (1). L'organisation de la garde nationale
fut le premier objet de ses soins ; des ordres particuliers, donnés aux divers commandans , en pressè-
rent la formation dans tous les quartiers ; les com-

_____

(1) *Moniteur* du 14 février 1815.

pagnies blanches furént armées et mises en service permanent. Ces premières mesures ramenèrent la tranquillité.

Le 7 décembre, à 9 heures du matin, moment convenu avec les Anglais pour arborer et saluer le pavillon français, un *Te Deum* fut chanté avec pompe et entonné par la population entière, ivre de joie ; il fut répété dans toutes les églises de la colonie en vertu d'une lettre adressée au préfet apostolique. A l'issue du *Te Deum*, les commissaires du roi se rendirent, en cortége, au Palais de justice où ils installèrent la cour supérieure, au nom de S. M. Louis XVIII. Le discours prononcé à cette occasion, par le commandant en seeond, fut accueili avec le plus vif enthousiasme (1).

Pendant ce temps, le général Skinner, égaré par de pernicieux conseils, opposait de nouvelles chicanes à l'exécution des conventions de la veille ; il méconnaissait ses devoirs et manquait au respect qu'il devait au roi de France : il empêchait de hisser son pavillon sur la batterie des *Irois*. Le commandant français eut beaucoup de peine à vaincre tous les obstacles, à aplanir toutes les difficultés ; il ne parvint que très tard à faire arborer et saluer le pavillon français.

Tout ce que l'esprit humain peut imaginer de prétextes pour se défendre d'une restitution avait

_____

(1) V. *Moniteur* du 14 février 1815.

été inventé par le transfuge Dubuc Saint-Olympe, et mis en œuvre par le général Skinner, pour différer la remise de la caisse coloniale. Enfin, au moment convenu, ce général prétexta encore avoir besoin d'un travail de son conseil privé. Ce travail devait être prêt depuis deux mois, mais l'âme de ce conseil, Saint-Olympe, possédait seul tous les documens nécessaires et les retenait, espérant proroger le terme fatal d'une remise qui lui coûtait personnellement beaucoup. Il persuada au général de tirer avantage de ce que les instructions du gouvernement français, dont il prétendit faussement avoir une communication officielle, ne faisaient pas mention de cette caisse; comme si l'article 11 du traité de Paris n'était pas assez significatif, sans spécifier tous les objets qui devaient être considérés comme appartenant à la colonie. La remise de la caisse fut encore ajournée.

Le général Skinner, contre ses promesses, abandonna, sans en prévenir les Français, quelques-unes des dépendances de la colonie, après qu'elles eurent été dépouillées de tout ce qui était susceptible d'être enlevé.

Le gouverneur par *intérim* fit prendre possession de *Marie-Galante* le 9, des *Saintes* et de la *Désirade*, le 10 décembre : les forts, batteries, casernes, hôpitaux et tous les établissemens militaires des *Saintes* avaient été complétement détruits.

Les Anglais refusèrent de recevoir le détachement envoyé le 7, pour prendre possession de la *Pointe-*

à-Pitre, et voulurent le réléguer, loin de la ville, au Fort-Louis, qu'il lui était expressément défendu d'occuper, à cause de son excessive insalubrité. Ce détachement fut forcé de débarquer à *l'Ilet à Cochon*, où il resta indécemment confiné pendant quatre jours, tandis que le général Skinner et son conseiller employaient ce temps à imaginer de nouveaux subterfuges pour éluder la remise de la Grande-Terre. Néanmoins la prise de possession s'en fit enfin le 11 décembre; mais les Anglais avaient si bien spolié cette partie de l'île, qu'il ne se trouva pas, dans les forts et les batteries de la *Pointe-à-Pitre*, un seul canon en état de faire feu, ni un grain de poudre pour saluer le pavillon blanc (1). Il fallut emprunter deux petites pièces et acheter la poudre nécessaire d'un navire de commerce du Hâvre, qui se trouvait dans le port. Les Angais irrités de l'unanimité des vœux et de l'allégresse générale que la ville avait fait éclater en rentrant sous les lois de la France, en tirèrent une honteuse vengeance : ils culbutèrent ces deux canons et les jetèrent dans la mer.

Une violation aussi manifeste de tout ce qu'il y a de plus sacré irrita la population de la *Pointe-*

---

(1) Les trente derniers barils de poudre furent enlevés du fort *Fleur-d'Épée*, la nuit qui précéda la remise de ce fort; on les cacha dans une maison habitée par le capitaine de port anglais, et on les embarqua le 11 janvier suivant.

4

à-Pitre et provoqua deux émeutes contre les Anglais et leurs agens stipendiés. Mais le commandant de place français les apaisa; elles n'eurent pas plus de suites que celles des 5 et 6 décembre à la Basse-Terre (1).

Cette lutte durait déjà depuis deux mois, et pendant ce temps les Anglais n'avaient cessé de dépouiller la colonie de tout ce qui pouvait être à leur convenance. Enfin, le 12 décembre, à 10 heures du soir, le vaisseau le *Marengo* mouilla dans la rade de la Basse-Terre, n'ayant à bord, au lieu de l'expédition complète, depuis si long-temps attendue, que le gouverneur, M. le contre-amiral comte Durand de Linois, le chef de bataillon, major de place de la Basse-Terre, et un bataillon du 62ᵉ régiment. Le gouverneur ayant décidé de ne débarquer que lorsque le pavillon flotterait sur toute la colonie, le commandant en second employa la journée du 13 à surmonter les derniers obstacles élevés par le général Skinner. L'adjudant-général Douglas, arrivant d'Antigues, stupéfait des chicanes et des retards de ce général, lui porta l'ordre de livrer immédiatement toute la colonie.

---

(1) La correspondance du commandant en second avec le général Skinner, notamment les trois lettres qu'il écrivit à ce général le 10 décembre, et les comptes qu'il en rendit au ministre de la marine, sont des pièces irrécusables, qui déposeront toujours contre la conduite des Anglais et de leurs déloyaux partisans.

Le, 14, à six heures du matin, la prise de possession se termina; à huit heures le gouverneur débarqua solennellement, au milieu de toutes les autorités civiles et militaires, de la garde nationale et des troupes sous les armes. L'allégresse était générale, et elle se manifestait de la manière la plus vive et la plus touchante.

Les Anglais, retirés au camp de Beau-Soleil, furent témoins de ces transports; ils entendirent ces cris de joie, et purent juger jusqu'à quel point leur joug était détesté.

Un second *Te Deum* fut chanté dans toutes les églises. Le discours que M. de Linois prononça à la séance extraordinaire du conseil supérieur, et sa proclamation, remplirent tous les cœurs d'espoir et de confiance en l'avenir.

La caisse coloniale ne fut livrée aux commissaires français que le 15 décembre (1). Le général Skinner

---

(1) Pour la prise de possession de la colonie, les Anglais ne voulurent jamais entendre à aucune vérification ni inventaire. Les objets qu'ils ne purent pas enlever, furent trouvés dans un désordre et un abandon inconcevables, sur tous les points de la colonie; les états qu'ils en dressèrent n'étaient points exacts. Tous les papiers relatifs à la remise furent livrés en bloc, au dernier moment, et après toute sorte de subtilités de la part de l'administrateur; il comprit dans ces pièces une déclaration du général Skinner, attestant que la caisse coloniale n'avait été cédée aux Français *qu'à la sollicitation du conseil privé;* mais les commissaires du roi protestèrent auprès du ministre de la marine contre cette pièce.

s'embarqua le 19, laissant la colonie dans un état de denûment absolu ; les denrées avaient été enlevées à bas prix par le commerce anglais, et l'argent était épuisé par les contributions de toute espèce.

L'homme le plus intéressé à couvrir d'un voile mystérieux les actes de sa gestion, Saint-Olympe, fit emporter, par le général, tous les papiers relatifs à l'administration des Anglais, pendant le temps que la Guadeloupe avait été soumise à leur domination. Ayant de la sorte terminé toutes ses opérations dans l'île, Dubuc s'embarqua de nuit, le 25 décembre.

La Guadeloupe, délivrée des Anglais et purgée de ses oppresseurs, redevint alors tout-à-fait française.

Au 15 septembre 1814, époque où la Guadeloupe aurait dû être cédée de droit à la France, la caisse coloniale renfermait, d'après le tableau adressé au ministre de la marine par l'administrateur des Anglais lui-même, plus de 3,552,000 livres, dont 481,000 livres en numéraire. Le 15 décembre suivant, jour où la remise en fut faite aux commissaires du roi, il ne s'y trouvait plus que 996,000 livres, dont 259,500 livres en numéraire ; il en avait donc été distrait 2,556,000 livres ou 1,533,000 francs, qui appartenaient de droit à la colonie.

Le commandant en second donna tous ces détails, *par triplicata*, au ministre de la marine, dans onze rapports faits depuis le 21 octobre jusqu'au 25 décembre 1814.

LIVRE QUATORZIÈME.

Gouvernement du contre-amiral Linois.

CHAPITRE PREMIER.

Influence du major de place et de l'ordonnateur. — Actes de l'administration. — Arrivée de l'intendant. — Difficultés qu'il éprouve. — Mésintelligence entre les administrateurs. — Plaintes de la colonie. — Première nouvelle du débarquement de Napoléon en France.

Le commandant en second se rendit, le 2 janvier 1815, à la Pointe-à-Pître, lieu fixé pour sa résidence. Il y reçut, peu de jours après, une adresse signée par tous les magistrats, les planteurs et les habitans de la Basse-Terre, qui le remerciaient de tout ce qu'il avait fait, depuis le 15 octobre, dans l'intérêt de la Guadeloupe, de l'honneur de la France et du service du roi, *à qui il pouvait se glorifier*, disait-on, *d'avoir rallié tous les cœurs !*

La colonie ne tarda pas à s'apercevoir que le

gouverneur, moins administrateur que marin, se défiait de ses forces, et elle le vit avec peine placer sa confiance dans l'homme qui la méritait le moins par ses antécédens, le major de place de la Basse-Terre, que des officiers de marine venant de l'Inde, où ils avaient eu occasion de le connaître, dépeignaient sous des couleurs très peu favorables.

L'ordonnateur Vaucresson, intendant par *interim*, qui, depuis le départ de Saint-Olympe, sentait le besoin de remplacer l'appui qu'il avait perdu, se lia avec le major de place, et ces deux hommes ne tardèrent pas à exercer sur les volontés du gouverneur une influence dont les colons eurent bientôt à se plaindre. Un grand nombre d'ordres et d'arrêtés, peu en harmonie avec l'esprit de la colonie, l'usage et les rapports commerciaux, excitèrent un mécontentement général.

L'administration commença par détruire l'atelier des cent nègres pionniers de la Basse-Terre, employés aux travaux urgens des chemins, et affecta ces nègres à son service personnel.

Au lieu de la voie ordinaire des enchères, elle n'accorda plus les fournitures que par privilége et dans des marchés ténébreux, étendant le monopole jusqu'aux boucheries, dans un pays où l'on ne saurait trop encourager l'importation des bestiaux.

Le monopole des jeux de la Pointe-à-Pître fut adjugé de la même manière, et on ne fut pas peu étonné de voir l'agent de tous ces marchés clandes-

tins, le frère de l'ordonnateur, pousser l'impudeur
jusqu'à déférer au tribunal les billets consentis pour
ce trafic, qu'on refusait de lui payer.

Les emplois, les marchés, tous les actes du gouvernement étaient à la discrétion de l'ordonnateur
et du major de place, qui avaient grandement soin
d'éloigner du gouverneur, à l'intégrité duquel chacun rendait hommage, toute personne qui aurait
pu lui faire de sages observations, l'éclairer sur
le caractère et les funestes conséquences des mesures
qu'on lui faisait prendre ou qu'on exécutait sous
son nom. La colonie voyait, avec tristesse et décou-
ragement, s'évanouir l'espoir de bonheur qu'elle
avait conçu en rentrant sous les lois de la mère-
patrie. Des plaintes se faisaient entendre de toutes
parts, lorsque le vaisseau *le Superbe* apporta, le 20
janvier, la troisième expédition, si tardivement
organisée. Elle était composée de l'intendant, M. de
Guilhermy, des deux bataillons supplémentaires du
62ᵉ régiment, et de leur colonel, M. Vatable.

M. de Guilhermy, ancien magistrat, jouissait de
la réputation la mieux établie de probité et de vertus
privées. Pénétré de l'idée qu'on l'avait attendu pour
régler définitivement le service de la colonie, il
arriva environné d'un nombreux personnel qu'il
destinait aux différentes places. Il les trouva rem-
plies; rien n'avait le caractère de provisoire, toutes
les branches du service étaient définitivement établies. Il laissa Vaucresson continuer encore ses fonctions d'intendant, afin d'avoir le temps de se mettre

lui-même au courant de l'administration coloniale ;
et, ne pouvant rien faire en faveur de ses protégés,
il fut bientôt entouré d'hommes qui, repoussés par
les deux favoris, et n'ayant pu obtenir le moindre
accès auprès du gouverneur, espéraient le faire entrer dans leur ressentiment. Quand il voulut prendre
la direction du service, Vaucresson, comptant sur
la protection du premier chef, refusa tous les documens qui lui étaient nécessaires. L'intendant aurait
pu sans doute, en montrant une certaine résolution,
faire reconnaître et respecter pleinement les préro-
gatives de son emploi ; mais, par amour de la paix,
il préféra temporiser, et, dès ce moment, son autorité devint illusoire. L'administration coloniale ne
fut plus qu'un composé déplorable de pouvoirs légi-
times et de pouvoirs usurpés, tous jaloux les uns
des autres, et dont les divisions ne pouvaient qu'être
funestes à la Guadeloupe.

L'esprit d'indépendance qui règne aux colonies
y a toujours fait observer l'autorité d'un œil scru-
tateur et soupçonneux. Toujours prêts à lui résister,
à la fronder, à la critiquer dans ses écarts, les habitans, instruits que la métropole ne pouvait pas, à
cette époque, subvenir aux dépenses de la colonie,
et qu'on les laissait toutes à sa charge, firent entendre, de tous les côtés, des plaintes contre les abus
qui s'étaient introduits avec la nouvelle administration. Le nombre des employés venus avec les trois
expéditions était énorme, surtout pour une colonie
que, tout récemment, les Anglais avaient si bien

exploitée, avec un chef d'administration, trois commissaires, deux receveurs et cinq commis.

Il serait difficile de donner une idée des affreux désordres administratifs qui signalèrent notre reprise de possession, par suite de la faiblesse du gouverneur, qui ne sut jamais s'inspirer que des gens avides et astucieux dont il était entouré. Une chambre d'agriculture avait été accordée aux sollicitations instantes de la colonie; elle fonctionnait à peine, que la crainte de lui voir acquérir trop d'influence la fit aussitôt briser. Cette mesure, l'établissement arbitraire de l'impôt sur les boissons, dont les colonies avaient de tout temps été affranchies, le privilége exclusif de la vente des boissons, l'octroi de ce privilége à un prête-nom, et en réalité, au frère même de l'ordonnateur, qui finit par s'avouer le fermier véritable; toutes les véxations de traitans éhontés et cupides finirent par provoquer une désaffection générale.

Une correspondance, interceptée par des autorités judiciaires et de police de la Pointe-à-Pître, et remise à l'intendant, révéla plus d'une coupable collusion. Les opérations de l'ordonnateur Vaucresson étaient surtout l'objet de la censure publique; les bruits les plus défavorables circulaient sur son compte; toute la population froissée faisait éclater son mécontentement contre le major de place et lui, et les accusait de ses maux, mais le gouverneur semblait chercher à les en dédommager, en leur témoignant chaque jour plus de confiance.

5

A cette époque, l'intendant, M. de Guilhermy, adressait au ministre de la marine des rapports affligeans sur la situation de la colonie. Ces rapports faisaient connaître les véritables artisans du malheur public ; ils dépeignaient les deux hommes auxquels le gouverneur abandonnait la direction tout entière, comme des êtres avides et sans retenue, à qui il était urgent d'ôter la possibilité de perdre tout-à-fait la colonie. Les membres de la chambre d'agriculture, des quartiers tout entiers, et un grand nombre de particuliers, firent parvenir également leurs doléances à la métropole (1).

Telle était la situation de la Guadeloupe, lorsque, le 29 avril 1815, on y reçut le premier avis de l'arrivée de Napoléon en France.

Quel effet cette nouvelle ne devait-elle pas produire sur des hommes exaspérés, dont le dévouement, la confiance et les sacrifices étaient si audacieusement méconnus !

---

(1) On se voit forcé de dire que tous les rapports, toutes les lettres faisaient l'éloge du commandant en second ; plusieurs même exprimaient des vœux très flatteurs pour lui, et cette circonstance ne sert pas peu à expliquer les persécutions dont il fut dans la suite l'objet.

CHAPITRE II.

Le premier élan de la Guadeloupe, à la nouvelle du retour
de Napoléon en France, est celui de la fidélité envers
la monarchie des Bourbons. — Actes particuliers qui
aliènent tous les esprits. — La Martinique est livrée
aux Anglais. — Pernicieux effet que cette nouvelle pro-
duit à la Guadeloupe.

Le premier mouvement de la colonie, dans cet
état de crise, fut un noble élan d'amour, d'attachement à ses devoirs, et de fidélité à ses sermens;
partout l'esprit général se trouva conforme aux
sentimens exprimés dans la proclamation du gouverneur, et M. de Linois eut l'occasion de s'en
convaincre, le 6 mai, dans le voyage qu'il fit à la
Pointe-à-Pître.

Il eût été facile de maintenir dans ces louables
dispositions une population que ses intérêts ren-
dent essentiellement amie de l'ordre, et qui ne demandait alors à ceux qui la gouvernaient que de
revenir de leurs erreurs, de faire cesser les abus,

et de suivre avec franchise le sentier de la justice. Mais aucune mesure réparatrice, propre à ramener l'opinion que pouvaient égarer les nouvelles de tout ce qui se passait en France, ne signala la sagesse du gouvernement colonial; il continua de présenter le spectacle affligeant de la désunion de ses membres. Le défaut d'harmonie entre sa conduite et ses principes, les désolantes irrésolutions du gouverneur, sa marche incertaine et peu rassurante, une juste appréhension de la domination anglaise, l'avis qu'on reçut de la sortie du roi du territoire français, et l'exemple funeste donné par la Martinique, ne tardèrent pas à troubler toutes les têtes.

On va voir que les événemens du 18 juin n'eurent pas d'autre cause.

Pendant que, dans les actes et dans les discours, il était fait un pompeux étalage de sermens et de protestations de dévoûment, et que l'ambassadeur français à Londres recevait l'assurance que la Guadeloupe serait conservée au roi (1), un agent secret

_____

(1) M. le comte de la Châtre écrivit de Londres à M. de Linois, le 24 mars, pour lui donner connaissance des événemens qui se passaient en France, et lui envoyer les pièces et actes officiels, extraits du *Moniteur*, qui annonçaient la retraite du roi à Lille. Il lui transmit l'ordre de S. M. de ne laisser pénétrer, à la Guadeloupe, aucunes forces nouvelles, et de n'en remettre l'administration à qui que ce fût, sans l'ordre signé de la main du roi et contre-signé par M. de Blacas. Un brick anglais apporta ces dépêches à la Basse-Terre, dans la nuit du 1er au 2 mai, et en repartit avec la réponse du gouverneur.

fut envoyé, dit-on, mystérieusement en France, pour porter à Napoléon un acte de soumission. Cette précaution, dont on fut instruit à la Pointe-à-Pître, le 19 mai, donna l'éveil sur tout ce qu'on devait craindre, dans ce moment critique, de l'influence du major de place. La manière dont il fut procédé le lendemain à un emprunt de cinq cent mille francs, dont on lui attribua l'idée, vint encore augmenter les défiances.

Cette opération, une des plus délicates de l'administration financière, surtout dans une colonie où l'on était encore à réclamer le paiement d'anciens emprunts, était du ressort particulier de l'intendant, et exigeait une publicité et des formalités telles que chacun pût s'assurer du recouvrement et de l'emploi des fonds.

Le gouverneur et le major de place chargèrent de cette opération, le 20 mai, un affidé de ce dernier, qui n'avait ni caractère public, ni propriété particulière, ni maison de commerce, et qui par-dessus tout était défavorablement connu des négocians. Dans les premiers momens d'enthousiasme, les commerçans de la Pointe-à-Pître, et les habitans de la Grande-Terre, empressés de venir au secours du gouvernement, s'étaient montrés disposés à faire toute sorte de sacrifices. Mais, trompés dans ce qu'ils attendaient du gouverneur, qu'ils voyaient toujours mal entouré et mal conseillé, et alarmés d'un mode d'emprunt aussi étrange, ils accoururent auprès du commandant en second Boyer pour lui faire part de

leurs craintes. Le négociateur de cet emprunt, ne
réussissant pas dans ses démarches, vint aussi le
sommer de réunir les négocians pour les obliger
à y souscrire. La lettre qu'il lui remit de la part
de M. de Linois, ne contenait, sur cet objet, que
ces mots : *J'expédie M. B... à la Pointe-à-Pitre, pour
une opération dont il vous fera part*, et le commandant
en second ne crut pas devoir se mêler, sur un avis
semblable, d'un acte illégal, et auquel ses fonctions étaient d'ailleurs étrangères. Cet acte porta
un tel coup à la confiance publique, que tous ceux
qui s'étaient engagés à faire quelque fourniture au
gouvernement allèrent, dès le jour même, demander
de l'argent ou une garantie, et se refusèrent au
service journalier.

Le commandant en second reçut du gouverneur
l'ordre de venir à la Basse-Terre pour se disculper
*d'être contrevenu à ses volontés et d'avoir osé entraver
une mission ordonnée par son chef.* Il comparut devant
M. de Linois, qu'il trouva assisté de l'indispensable
major de place. Après s'être expliqué, et avoir fait
adopter un mode d'emprunt régulier (1), le commandant Boyer demanda au gouverneur s'il était
vrai qu'il eût envoyé M. D.... en mission auprès du
gouvernement impérial ? Cette question imprévue

(1) D'après les observations du commandant en second il fut
pris, le même jour, un arrêté, spécial, par le gouverneur et l'intendant, pour l'emprunt d'une somme de 400,000 fr. Les circonstances ne permirent pas de le remplir.

parut surprendre; il y fut répondu négativement.

Cependant les événemens s'étaient pressés en France, et les nouvelles successives qui en arrivaient de toutes parts n'étaient propres qu'à faire fermenter les esprits. Les succès rapides de Napoléon, la retraite du roi en Belgique, et l'entière soumission du territoire français à l'empereur, étaient connus. Des bâtimens de commerce partis du Hâvre, le 19 avril, et de Brest, le 27, en éclairant la colonie sur l'état de la métropole, avaient donné la certitude qu'à l'époque de leur départ il n'était pas encore question de guerre.

Chacun se montrait avide de détails, et cherchait tous les moyens de satisfaire sa curiosité. Nul ne pouvait rester indifférent à d'aussi grands intérêts (1).

Ce qui se passait à la Martinique jetait la Guadeloupe dans de vives appréhensions. Dès les premiers jours, on y avait embarqué, *en s'obligeant de les conduire en France*, la compagnie d'artillerie, celle des ouvriers du génie maritime, et deux détachemens du 26ᵉ régiment. Le 12 mai, on avait mis à l'ordre de ce régiment, et transcrit sur les registres de toutes les compagnies, l'avis que les militaires qui manifesteraient des sentimens répréhensibles,

---

(1) Le commandant en second avait soin de retirer, du bord des navires arrivant à la Pointe-à-Pitre, tous les papiers publics, qu'il envoyait au gouverneur; mais on découvrit que les soldats de la garnison s'étaient cotisés secrètement pour se procurer à tout prix les gazettes des passagers ou des gens de l'équipage, afin, disaient-ils, de bien connaître la vérité.

seraient déportés, non plus en France, *mais sur les côtes désertes de l'Afrique ! ! !* Les Anglais furent appelés dans cette colonie, et pour que leur arrivée n'éprouvât pas de difficulté, le régiment fut réduit, par de nouvelles déportations, à environ 300 hommes.

La Guadeloupe ne pouvait supporter l'idée d'éprouver bientôt un sort semblable. La correspondance fréquente de M. de Linois avec la Martinique, le voyage que le major de place y avait fait quelque temps auparavant, son caractère bien connu, le dévoûment prononcé de l'ordonnateur pour les Anglais, tout cela ne contribuait pas peu à augmenter les soupçons et les craintes. La position particulière où M. de Linois se trouvait à la Guadeloupe, et les ordres formels du roi de ne recevoir aucunes forces nouvelles, l'autorisaient suffisamment à résister aux suggestions qui venaient de la Martinique, comme à repousser le dangereux secours de l'étranger. Mais, dominé plus que jamais par des conseillers qui, après avoir exaspéré la colonie, ne croyaient pouvoir plus s'y maintenir qu'en appelant les Anglais, il avait expédié, le 3 mai, le brick l'*Actéon* à Antigues, pour solliciter du général Leith, commandant en chef des forces britanniques, l'établissement d'une croisière au vent de la Guadeloupe, afin d'en éloigner *tout bâtiment français*, dont l'arrivée pouvait la troubler.

Quelle belle chance, et quelle arme terrible n'était-ce pas fournir à ces dangereux voisins !

Le 13, le général Leith et l'amiral Durham se présentèrent, sur des frégates, à la vue de la Basse-Terre, et envoyèrent au gouverneur de la colonie des dépêches pour lui annoncer que la croisière allait être établie, comme il l'avait demandé, lui offrir des secours et solliciter une entrevue, à titre de visite. Mais, comme depuis quelques jours on disait que les Anglais se disposaient à attaquer l'île, la fermentation que cette crainte occasionnait ne permit pas au gouverneur de les recevoir : il eut la prudence de refuser l'entrevue. Seulement, il convint avec eux de signaux pour assurer leurs communications; leur donna tous les renseignemens qu'ils pouvaient désirer, et eut l'imprudence de leur accorder la permission d'occuper la rade des Saintes, point capital pour la Guadeloupe. L'annonce de cette concession commença à jeter l'alarme dans la colonie. On vit encore le gouverneur écrire, le 24 mai, au général Leith, par un brick anglais, pour lui témoigner le désir d'avoir des communications plus fréquentes avec lui, vu l'état de crise où était la métropole. Un nouveau brick lui apporta, le 26, des lettres du général Leith, qui lui offrait d'envoyer, *comme auxiliaire*, une garnison anglaise dans les forts de la colonie.

Des communications aussi répétées, le voile impénétrable dont on les couvrait, le blocus sévère que les Anglais formaient autour de la colonie, les visites et les vexations humiliántes qu'ils se permettaient à bord de tous les bâtimens français, avaient causé une méfiance et une exaspération extrêmes. Le bruit sourd et sinistre que la colonie allait être livrée aux Anglais prenait à chaque instant plus de consistance, et la crainte de se voir de nouveau à la discrétion d'un ennemi dont les outrages étaient si récens, transportaient de colère les hommes les plus calmes. Dans ces graves circonstances, la Guadeloupe apprit, le 6 juin, que, la veille, la Martinique avait été livrée aux Anglais, en vertu d'un arrangement conclu, dès le 20 mai, entre le gouverneur et l'intendant de cette île, et les généraux anglais Leith et Durham, se contentant en apparence du rôle modeste d'*auxiliaires*. Les faibles restes du 26e régiment, réduit à 300 hommes, avaient été relégués à Saint-Pierre ; 1,500 anglais débarquèrent au Fort-Royal, fusils et canons de campagne chargés, mèche allumée. Ils prirent possession de tous les forts, de toutes les batteries, et, le même jour, l'ordre fut donné aux troupes françaises et aux gardes nationales d'accoler à leur cocarde la cocarde anglaise. Les officiers du 26e, qui s'y refusèrent, furent mis au cachot. Cette circonstance dit assez ce que pouvaient être des *auxiliaires* tels que les Anglais !

Les troupes françaises qui avaient été embarquées, sous la condition d'être conduites en France, furent désarmées à bord des bâtimens britanniques, déportées en Angleterre, et renfermées, jusqu'au retour du roi, dans ces cachots flottans où les Anglais, de nos jours, traitent leurs prisonniers avec plus de barbarie que les Pictes du 5ᵉ siècle.

Et l'on a pu faire un crime à la Guadeloupe d'avoir refusé de se donner à de tels protecteurs, d'avoir repoussé des secours apportés par les mains qui allumèrent le feu de la guerre civile en France et dans nos colonies, qui fournirent des armes et des munitions aux insurgés de St-Domingue, non pour les aider à devenir libres, mais pour les aider à exterminer les Français; qui employèrent, tour à tour, les séductions, les trahisons et les révoltes, pour faire perdre cette précieuse colonie à la France! (1)

Que pouvait-on attendre, après tout, des hommes qui avaient pillé et ravagé la Guadeloupe à toutes les époques? qui l'avaient si cruellement punie, en 1794, des démonstrations de joie qu'elle avait fait éclater, en 1763, lorsque le général Bourlamarque vint la soustraire à leur domination! Ces démonstrations avaient-elles été moins vives en 1814, et à cette époque même n'avaient-ils pas méconnu et insulté, pendant deux mois, les couleurs et l'autorité du roi de France?

La nouvelle de l'admission des troupes anglaises à la Martinique fut reçue avec une profonde douleur

----

(1) On sait que les Anglais enflèrent l'orgueil et la vanité de Toussaint-L'ouverture par les paroles les plus flatteuses, les politesses les plus recherchées; qu'ils traitèrent solennellement avec lui pour donner à ce nègre la souveraineté de l'île, en stipulant une convention ratifiée par le roi George, qui équivalait, pour la Grande-Bretagne, au traité de commerce le plus avantageux.

par les gens sages et modérés de la Pointe-à-Pître, et
produisit le délire de la rage dans une partie de la
population. Les plus exaltés résolurent d'arborer,
dans la nuit du 6 au 7 juin, le pavillon tricolore sur
les forts de la place ; le commandant en second Boyer,
instruit à temps de ce complot, en prévint l'exécution par des mesures fermes et prudentes. Aucun
document positif ne donnait encore à la menace de
livrer la colonie aux Anglais un caractère assez sérieux pour qu'on dût voir, dans cette résolution
extrème, un dernier moyen de salut. La franchise
que le commandant en second avait toujours mise
dans sa conduite et ses discours, rassura les timides
et contint les turbulens.

CHAPITRE III.

La goélette l'Agile porte aux colonies l'ordre de se rallier au nouveau gouvernement de la métropole. — Décision prise à la Guadeloupe au sujet de ces dépêches. — La journée du 18 juin devient inévitable.

A l'exception d'un petit nombre d'individus, la population de la Guadeloupe, celle surtout des villes et des bourgs, était éminemment française et nourrissait contre les Anglais une haine nationale. Le parti faible, mais influent, qui ne partageait pas ces sentimens, croyait avoir tout à gagner en se replaçant sous leur joug. A la faveur de ce conflit d'intérêts et d'opinions, le démon de la discorde secouait ses torches incendiaires sur toutes les paroisses, sans qu'on pût découvrir les agens invisibles qui appelaient et soufflaient de tous les côtés le désordre et la révolte. Les propos les plus alarmans, les bruits les plus sinistres étaient répandus et colportés avec une inconcevable rapidité. On vit plusieurs quartiers se réunir et courir aux armes pour prévenir des massacres dont ils se croyaient menacés, ou étouffer des insurrections qui n'existaient pas. Cependant, l'esprit d'insubordination gagnait les classes inférieures, l'effervescence croissait avec les craintes, et l'horizon s'obscurcissait de plus en plus, lorsque la goëlette de l'état, l'*Agile*, attérit au bourg de St-François, le 12 juin 1815. Expédiée le 9 mai de Rochefort par le gouvernement impérial, avec ordre d'arborer le pavillon blanc, en cas de besoin, pour tromper les croisières anglaises, elle était chargée de rallier la Martinique et la Guadeloupe à la métropole.

Quel effet ne dut pas produire l'apparition de ce bâtiment, surmonté dans ce moment du pavillon tricolore ! Il n'eut que le temps de déposer, au bourg de Saint-François, deux lettres à l'adresse du gouverneur; il fut pris aussitôt après par la croisière anglaise, qui le conduisit aux Saintes.

L'amiral Durham, qui s'y trouvait, annonça par un brick, au gouverneur, que cette goëlette était chargée, pour la Martinique et la Guadeloupe, de dépêches *importantes* et d'instructions du duc Decrès. Le gouverneur lui répondit en l'invitant à se saisir des paquets *jusqu'à ce que le comte de Vaugiraud lui eût indiqué l'usage qu'il devait en faire,* et à renvoyer la goëlette en France en la faisant escorter jusqu'au delà des débouquemens. L'amiral anglais fit partir la goëlette pour la Martinique, à la remorque d'un brick, et dit au gouverneur de la Guadeloupe, *que n'ayant pas ordre de commettre des hostilités envers aucun pavillon,* il n'avait pas cru devoir s'emparer des dépêches et s'était borné à empêcher la goëlette d'aller à la Guadeloupe.

Mais cet amiral, affamé d'un prétexte pour prendre la colonie (1), et persuadé que les dépêches dont l'*Agile* était chargée y produiraient l'effet de la boîte de Pandore, se ravisa bientôt; il courut après la goëlette, l'atteignit dans le canal de la Dominique et lui permit d'aller où elle voudrait (2).

Ce bâtiment vint mouiller à la Basse-Terre, le 15 juin au matin. A l'arrivée du capitaine sur le Cours, la vue de la cocarde tricolore, les dépêches remises au commandant de la rade, les paquets de *Moniteurs* et de journaux, décachetés et distribués, produisirent, un mouvement très vif dans la foule qui l'entourait, et le poste de garde nationale, placé à la cale, mit bas sa cocarde.

Le capitaine traversa la ville, environné d'un cortége nombreux. Le gouverneur, à qui il rendit compte de sa mission, prit les paquets qui étaient à son adresse et à celle de l'intendant, le renvoya par une cale dérobée, lui ordonnant de partir sur le champ et d'aller porter ses autres dépêches à la Martinique.

---

(1) Il avait dit, aux Saintes, que puisque les Anglais n'avaient pu occuper la Guadeloupe au même titre que la Martinique, ils l'auraient à quelque prix que ce fût.

(2) Le comte de Vaugiraud a dénoncé hautement cet acte de déloyauté dans un de ses rapports sur les événemens de la Martinique et de la Guadeloupe.

Prévenu par l'intendant et le procureur du roi du trouble qui régnait en ville, le gouverneur se rendit avec eux sur la place, et après avoir apaisé la fermentation, il s'entendit avec l'intendant pour réunir, à midi, un conseil à l'effet de procéder à l'ouverture des dépêches.

Dans ce conseil, l'intendant, qu'un pur dévoûment aux intérêts du roi avait toujours fait agir, quoique sa conduite ne fût pas favorablement interprétée, proposa de ne pas ouvrir les paquets, de les mettre sous scellé et de les envoyer au roi, à Gand. Cet avis fut adopté, les paquets réunis et scellés du sceau du gouverneur et de l'intendant, furent conservés pour être adressés à Louis XVIII par l'intermédiaire de M. de la Châtre, son ambassadeur à Londres.

Il eût été sans doute préférable de ne pas les recevoir, car cette décision du conseil établissant une scission ouverte avec le gouvernement actuel de la métropole, ne servit qu'à accréditer le bruit, *que la Guadeloupe allait être livrée aux Anglais*, bruit que toutes les lettres particulières venues de la Martinique, déjà en leur possession, donnaient comme exact.

Quel moyen restait-il pour empêcher ces rumeurs de se propager, pour contenir l'effervescence et pour imposer aux passions, alors que la confiance dans l'autorité supérieure était tout-à-fait perdue?

La fermentation fut bientôt générale, surtout parmi les gens de couleur, ennemis des Anglais, mais franchement attachés à la France. Elle se prononça d'une manière plus vive encore à la Pointe-à-Pitre, où une population nombreuse se rappelait avec effroi tout ce qu'elle avait souffert des Anglais en 1794, en 1810, et les proscriptions que leurs administrateurs y avaient tout récemment exercées.

La présence d'un capitaine du 26ᵉ régiment, qui vint s'y réfugier, en se donnant comme une des victimes expulsées de la Martinique pour son attachement à la France, servit encore à exaspérer les esprits (1).

Tout-à-coup le bruit circule sourdement, le 17 juin, que les Anglais vont se présenter à la Basse-Terre. Des propos imprudens, tenus par quelques-uns de leurs partisans, la menace plus imprudente encore d'une liste de proscription où seraient inscrits

---

(1) Le capitaine Alexandre Moreau, dit de Jonnès, quitta le 6 juin la Martinique, on ne sait trop pourquoi. N'ayant pu réussir à se faire employer à la Basse-Terre, ni à la Pointe-à-Pitre, où la conduite qu'il avait tenue en 1809 était trop bien connue, il partit pour la France, et, quoique absolument étranger au procès criminel de la Guadeloupe, il se porta avec fureur l'un des accusateurs du commandant en second. Ayant réussi par ses intrigues à se faire placer dans les bureaux de la Direction des colonies, il n'épargna ni discours, ni démarches, simula des lettres et forgea une espèce de rapport, rempli de faussetés, qu'il présenta au ministre le 6 septembre. Au conseil de guerre, il n'eut cependant pas le courage de soutenir ce tissu de calomnies devant le commandant en second; il s'en désista, disant qu'il n'avait dressé ce mémoire que *sur des ouï-dire*; mais déjà cet odieux factum avait produit tout le mal et obtenu tout le succès que son auteur s'en était promis.

7

les noms de 3 ou 400 personnes, paraissent confir-
mer ce bruit, et tous les doutes cessent lorsque
deux lettres confidentielles, maladroitement écrites
par le frère de l'ordonnateur, tombent à la connaissance du public. Ces lettres annonçaient que, sous
deux jours, mille Anglais débarqueraient à la Basse-
Terre pour mettre à la raison toute cette *canaille de
Bonapartistes*, dénomination imaginée par le transfuge Dubuc Saint-Olympe pour désigner tous ceux
que révoltait les actes des administrateurs qui lui
ressemblaient, c'est-à-dire, la presque totalité des
habitans de la Guadeloupe.

Dèslors on ne garda plus de mesure, et l'on entendit crier de toutes parts qu'il fallait s'emparer
des dépêches, se rallier au gouvernement de la
métropole, embarquer le gouverneur, ses deux
favoris, et tous ceux de leurs partisans qui seraient
d'avis de livrer la colonie aux Anglais.

Les hommes qui ont traversé les jours de la
révolution, et ceux en particulier qui ont parcouru
les pages de cette histoire, sauront comprendre ce
que de telles dispositions devaient avoir d'alarmant,
au milieu d'une population que le passé encourageait
dans ses désirs d'indépendance, que l'esprit novateur
agitait, que fatiguait une mauvaise administration,
qu'aigrissait la menace de l'odieuse domination des
Anglais et les bravades de leurs affidés (1). Le

---

(1) Le mouvement fut si peu dirigé contre les royalistes,
comme on a cherché à le faire croire, qu'au milieu de tous ces

mouvement pouvait éclater avec la rapidité et les effets de la foudre.

On attendait avec anxiété le retour du comman-dant de place, envoyé la veille au gouverneur pour l'instruire de l'état alarmant de la Pointe-à-Pitre. Tous les rapports étaient décourageans; les autori-tés civiles et militaires se pressaient autour du com-mandant en second Boyer, et voyaient en lui, dans la catastrophe dont on était menacé, leur dernière ancre de salut.

Le commandant de place revint enfin vers cinq heures du soir; les choses qu'il avait apprises et dont il rendit compte, portèrent la consternation dans toutes les âmes. Les Anglais étaient attendus effecti-vement à la Basse-Terre; l'embarras que sa présence y avait produit, la surveillance dont il avait été entouré, l'injonction de repartir sur le champ qui lui avait été donnée, ne lui avaient pas permis d'en conserver le moindre doute. Mais les officiers des troupes et de la garde nationale, et les habitans auxquels il était parvenu à parler, lui avaient tous déclaré que les troupes et la ville entière étaient prêts à se soulever à l'apparition des Anglais. La réponse

---

cris, il est essentiel de faire remarquer que pas une menace, pas une personnalité ne furent articulées contre l'intendant, M. de Guilhermy. Il était cependant émigré, n'était rentré qu'avec le roi, ses sentimens pour les Bourbons n'étaient pas douteux, et il en faisait hautement profession. Mais on rendait justice à sa droi-ture et à ses bonnes intentions.

du gouverneur au commandant en second, se bornait à lui prescrire d'abandonner la Pointe-à-Pitre, s'il n'y avait plus d'influence, et de se réunir à lui, avec les quatre compagnies du 62ᵉ régiment qui se trouvaient sous ses ordres.

Le commandant de la garnison de la Pointe-à-Pître, les autorités et les habitans de la ville qui avaient le plus d'influence, étaient d'accord pour affirmer que le vœu de se rallier à la métropole était général, que la fermentation était à son comble, la colonie menacée de toutes les horreurs de la guerre civile, et que, dans la nécessité d'opter entre deux partis également périlleux, il fallait se décider pour celui qui offrait le moins de chances redoutables, ou qui, par l'éloignement des catastrophes qu'il pouvait attirer, laissait le temps d'aviser aux moyens de les prévenir.(1). Le roi n'était plus en France depuis le 23 mars : les dispositions prescrites par S. M. à l'égard de sa maison militaire et des personnes qui l'avaient accompagnée jusqu'aux frontières, semblaient, sinon dégager les Français de leur serment,

_____

(1) En prenant les couleurs qui flottaient sur la France entière, on ôtait en effet aux Anglais tout prétexte d'intervention. On se rappelle que l'amiral anglais avait déclaré n'avoir aucun ordre d'attaquer le pavillon tricolore ; et il restait la possibilité de recevoir les secours d'hommes, d'armes et de munitions que, depuis l'arrivée de la goëlette *l'Agile*, on disait avoir été expédiés de Brest, sur quatre frégates, au nombre desquelles on citait la *Méduse*.

du moins leur permettre *de céder aux circonstances.*

L'ordre donné par le gouverneur au commandant en second était devenu inexécutable ; différer de se rendre maître du mouvement, c'était manquer l'occasion de le diriger et de prévenir le bouleversement total de la colonie. En prenant l'initiative, le commandant en second exposait sa tête ; en ne la prenant pas, il exposait la sûreté de tous les habitans; pouvait-il balancer? C'est aux âmes généreuses que cette question est posée.

Le temps pressait. Le commandant en second déclara aux autorités qui l'entouraient, et toute la Pointe-à-Pître fut instruite, qu'en se rendant à la Basse-Terre il se bornerait à réclamer, au nom de la colonie, les dépêches mises sous le scellé, afin de la rallier régulièrement à la métropole ; à rendre le gouverneur à lui-même en le délivrant de la dépendance du major de place et de l'ordonnateur; et qu'il ne souffrirait point qu'il fût porté atteinte à son autorité, ni qu'aucun autre individu fût renvoyé.

Des mesures furent prises pour que le changement s'opérât le lendemain matin à la Pointe-à-Pître, et ces dispositions prévinrent l'explosion redoutable qui devait éclater (1).

Après avoir pourvu au maintien du bon ordre,

(1) Ce mouvement se fit à la Pointe-à-Pître avec le concours de toutes les autorités religieuses, civiles et militaires, sans que la tranquillité publique fût un seul instant troublée.

au respect des personnes et des propriétés, le commandant en second partit à dix heures du soir, accompagné d'un seul officier, pour la Basse-Terre.

Arrivé, le 18 juin à six heures du matin, au camp de Beau-Soleil, qu'occupait le 62e, dont le colonel logeait en ville, où il était resté, il lui fit prendre les armes, et cette troupe arbora avec enthousiasme la cocarde tricolore, le seul signe de ralliement et de résistance contre la domination anglaise qui pût parler aux imaginations dans les circonstances où l'on se trouvait.

Deux compagnies de grenadiers furent envoyées au gouvernement pour en imposer par leur présence, et neutraliser toute tentative de réaction, dans le cas où l'étranger viendrait à se présenter (1). Un capitaine, placé à la tête de ce détachement, eut l'ordre, en attendant que le commandant en second pût se rendre auprès du gouverneur, de réclamer de lui les dépêches mises sous le scellé, *en ayant pour lui le respect et les égards dus au premier chef de la colonie;* cet ordre fut donné en présence de tout le régiment. Deux autres détachemens eurent la mission d'aller chez l'ordonnateur et le major de place pour les garder à vue. C'est contre ces deux hommes que toute l'animation publique se tournait; on redoutait pardessus tout leur influence, qu'on

---

(1) Le palais du gouvernement, situé sur la place d'armes dite le champ d'Arbaud, domine toute la ville et la rade.

savait être entièrement favorable aux Anglais.

Dans ce même temps, le commandant en second, seul, descendit en ville et fit réunir sur le Cours la garde nationale, qui se prononça avec énergie pour la métropole et contre le retour des Anglais.

Il était près de neuf heures quand on vint annoncer que le gouverneur ne voulait pas remettre les paquets, qu'une discussion très vive s'était élevée entre lui et le capitaine, et qu'à l'apparition du colonel du 62e, les troupes avaient refusé de lui obéir. Le commandant en second se rendit sur le champ auprès du gouverneur, déclara que le mouvement n'avait d'autre but que de préserver la colonie et de le sauver lui-même, et prouva, en renvoyant les deux compagnies de grenadiers à leur corps, qu'aucune vue d'ambition personnelle, qu'aucune pensée de porter atteinte à son pouvoir, n'avait inspiré la démarche qu'il venait de faire. La franchise de ce procédé ramena un peu d'harmonie et de confiance entre les deux chefs.

L'ouverture des dépêches, l'éloignement de l'ordonnateur et du major de place, voilà ce que la colonie demandait; ses vœux se bornaient là. Le commandant en second le fit connaître au gouverneur, qui déclara ne vouloir faire l'ouverture des paquets qu'en présence des officiers supérieurs. On pouvait les faire appeler de suite; le gouverneur avait probablement ses raisons pour différer leur convocation jusqu'à une heure après midi; néanmoins, sa volonté fut respectée. Il témoigna le désir de conférer avec le major de place; la garde qui était à la porte de cet officier, fut retirée aussitôt; il se rendit au Gouvernement, et l'on eut bientôt lieu de s'apercevoir que son influence était toujours la même.

A midi, les nouvelles couleurs, que l'énergique impatience des habitans réclamait comme une garantie pleine et entière contre la domination anglaise, furent arborées au fort Richepance.

A une heure, les officiers supérieurs étaient réunis pour l'ouverture des paquets, dont le scellé se trouva rompu; aucune observation ne fut faite à ce sujet. Les dépêches à l'adresse de l'intendant qui, dès le matin, s'était retiré à la campagne, furent remises intactes à son secrétaire-général; le paquet du gouverneur était ouvert et ne contenait, avec des *Bulletins des Lois* et des *Moniteurs*, qu'une lettre commune au gouverneur et à l'intendant (1).

En se retirant, le commandant en second demanda les ordres du gouverneur, qui déclara ne vou-

---

(1) Un article de cette dépêche, que les termes qui y sont employés ne nous permettent pas de rapporter en entier, disait : « Quant au pavillon tricolore, il convient de ne point anticiper » jusqu'à nouvel ordre sur le moment où les étrangers auront » communiqué dans vos parages leur sentiment sur sa restaura-» tion, et jusque là, vous pourrez continuer à laisser flotter le » pavillon blanc *sur les bâtimens français quand ils prendront la mer.*» Tout le monde sent que pour faire sa route, à travers les croisières ennemies, un bâtiment avait besoin d'un pavillon blanc; combien fut fausse l'interprétation qu'on a voulu donner à cet article !

loir en donner aucun ; il répondit aux instances réitérées qui lui furent faites , que le lendemain matin il ferait connaître sa volonté : cette singulière hésitation s'expliquera plus tard.

Des députations nombreuses de la ville se rendirent chez le commandant en second, pour le féliciter d'avoir *sauvé la colonie*, et le presser de *prendre en main les rênes du gouvernement*. Il résista à leurs vives sollicitations, renouvela, en présence de beaucoup d'officiers, la déclaration qu'il avait faite à son départ de la Pointe-à-Pître, et obtint de ces députations qu'elles iraient immédiatement chez le gouverneur, pour l'engager à reprendre ses fonctions (1). Elles se rendirent effectivement auprès de lui, et lui demandèrent comme une condition indispensable au maintien de la tranquillité, le renvoi de l'ordonnateur et du major de place. Le gouverneur, avouant que le premier n'avait pas su se faire aimer, l'abandonna sans peine, mais il témoigna le désir de conserver le major de place, avec lequel il était lié depuis

---

(1) On a dit, dans le procès, que le commandant en second n'avait opéré le mouvement que par ambition, et que le gouverneur n'avait repris ses fonctions qu'à la sollicitation des habitans de la Basse-Terre et pour sauver la colonie de l'anarchie ! L'auteur en appelle ici à la colonie et à la conscience même du gouverneur : dans ce moment là n'eût-il pas suffi d'un geste ou d'un mot, au commandant en second, pour s'envestir du pouvoir ? Et n'est-ce pas au contraire d'après ses instances que les diverses députations allèrent engager le gouverneur à le reprendre ?

longtemps. Les remontrances devenant plus vives, il congédia les députations, en promettant encore de donner sa décision le lendemain matin.

Des mouvemens séditieux se manifestèrent le soir aux environs de la Basse-Terre, où l'on avait réuni et armé des nègres. On dut croire que ces mouvemens avaient été sourdement excités par quelques partisans de l'étranger, pour occuper les troupes et faciliter ainsi le débarquement des Anglais, qu'on attendait d'un instant à l'autre. L'alarme était dans la ville ; tout faisait craindre que la présence de l'ordonnateur et du major de place ne fût la cause de grands malheurs.

Le gouverneur gardait le silence ; les circonstances devenaient de moment en moment plus difficiles, et le maintien de l'ordre étant incompatible avec l'inaction de l'autorité, le commandant en second se vit obligé de la prendre immédiatement en main et de l'exercer au nom de la nécessité publique et du salut commun. Il écrivit au gouverneur pour l'en prévenir, et disposa aussitôt les troupes sur les points menacés ; le major de place fut de nouveau gardé à vue ; des mesures furent prises pour réprimer toute tentative contre l'ordre public ; le calme fut promptement rétabli, et l'on apprit que l'ordonnateur avait disparu avec son frère : ils s'étaient rendus au quartier général des Anglais.

Le 19 juin, dès 6 heures du matin, et lorsque, grâce aux événemens de la veille, toute apparence de danger, au dedans comme au dehors, avait disparu, le gouverneur déclara au commandant en second et à l'inspecteur colonial, qu'il reprenait ses fonctions. Il publia, dans la matinée, une proclamation qui annonçait, en termes pompeux, à la colonie, le devoir de se rallier au gouvernement, pour le rétablissement de la dynastie impériale (1). Il fit convoquer toutes les autorités civiles et les officiers de la garde nationale, leur déclara que, *cédant à leurs sollicitations*, il avait repris la direction des affaires et s'était déterminé à faire partir sous quelques jours le major de place.

L'ordre de réunir les officiers du 62e fut envoyé au major du régiment, mais le colonel Vatable voulut se mettre à leur tête. Dans sa marche, il fit retentir la place du champ d'Arbaud de ses acclamations, et il vint féliciter le gouverneur d'avoir

---

(1) Le commandant en second voulait si peu attenter à l'autorité du gouverneur, et sa détermination fût si inopinément commandée par les circonstances, qu'il n'avait pas même songé à préparer une proclamation, indispensable en pareil cas. Craignant, le 19, que le gouverneur ne persistât à se retirer, il jeta à la hâte quelques phrases sur le papier, au moment d'aller prendre ses ordres, à six heures du matin ; et tout joyeux de la détermination où il le trouva, il lui fit remarquer en quels termes flatteurs pour son chef il aurait exprimé *l'obligation où l'aurait mis son refus*, et le respectueux silence qu'il aurait observé sur les Bourbons. Le gouverneur voulut avoir ce brouillon pour l'aider, dit-il, à rédiger sa proclamation, et ce papier, tout raturé et sans signature, fut employé plus tard contre celui à la confiance duquel il avait été surpris, et devint une des pièces à l'appui de la sentence de mort qui fut poursuivie contre lui !

repris ses fonctions sous les nouvelles couleurs !

Il était onze heures du matin, le gouverneur, entouré de toutes les autorités civiles et militaires partageait l'allégresse commune, lorsque le vaisseau anglais *le Vénérable*, monté par le contre-amiral Durham, entra dans la rade et vint raser la terre, ayant laissé à distance deux autres bâtimens. On reconnut qu'ils avaient à bord mille hommes de troupes réunies à la hâte. Mais la journée de la veille avait sauvé la colonie, et cette apparition tardive ne servit qu'à donner cours à une foule de conjectures touchant l'hésitation et les temporisations du gouverneur.

Les Anglais, étonnés du pavillon qu'ils voyaient flotter en ce moment, envoyèrent à terre deux officiers pour dire au gouverneur que l'amiral Durham, jugeant inutile d'après les couleurs qu'on venait d'adopter, de lui remettre les dépêches dont il était porteur de la part de M. Vaugiraud, les avait chargés de lui offrir particulièrement ses secours. Le gouverneur répondit qu'il remerciait l'amiral de ses offres, et, leur montrant sa cocarde, leur dit : *Nous n'avons tous aujourd'hui qu'une opinion ; vous voyez cette cocarde, nous la défendrons jusqu'à la mort !* Ces officiers se retirèrent en déclarant qu'ils n'avaient point d'ordre d'attaquer le pavillon tricolore (1).

---

(1) On avait présumé que le commandant en second ne

Au même instant, le gouverneur, tout radieux, manifesta le regret d'avoir hésité à reprendre le commandement, déclara que ce jour était un des plus beaux de sa vie, et fit arborer, sur le palais du gouvernement et à la vue du vaisseau anglais, un pavillon tricolore, qu'il fit saluer de vingt-un coups de canon. Le même jour, 19, il fit chanter un *Te Deum* dans la principale église de la Basse-Terre, et ordonna ce chant solennel pour le dimanche suivant dans toutes les paroisses de la colonie. Il adressa sa proclamation aux autorités de tous les quartiers, avec une circulaire où l'on remarquait cette phrase : « Les ordres du gouvernement nous » ont fait un devoir de réarborer les couleurs natio- » nales, *et ont nécessité la journée du 18 juin qui s'est* » *opérée sans réaction.* »

Telle fut la manière dont la Guadeloupe s'associa au mouvement napoléonien du 20 mars 1815.

---

consentirait pas à se ranger sous la bannière anglaise. Pour l'y déterminer, on lui expédia, le 20 juin, un brevet de maréchal de camp, par un de ses anciens amis, colonel des milices de la Martinique. Ce colonel, en voyant flotter de loin les nouvelles couleurs, vira de bord, sans communiquer avec la Guadeloupe. C'est un fait que tout le monde connaît à la Martinique.

CHAPITRE IV.

L'intendant quitte la Guadeloupe. — Déficit dans les finances, au 18 juin. — Trois envoyés sont expédiés pour France, à diverses époques. — Les Anglais s'emparent des Saintes, de Marie-Galante, et font la guerre aux propriétés. — Effet de leur proclamation du 3 août. — Espérances de la colonie.

L'INTENDANT, M. Guilhermy, voulant rester fidèle à des sentimens et à des principes qui avaient été ceux de toute sa vie, résigna volontairement ses fonctions, et, laissé libre de rester ou d'aller dans une île neutre, il préféra partir pour la Martinique.

Alors, la Guadeloupe, se trouvant sans chef d'administration, voyait non seulement toutes ses ressources, tous ses revenus épuisés, mais encore un déficit de 500,000 fr. dans ses finances au moment du départ de l'ordonnateur, qui avait laissé la comptabilité dans la plus grande confusion; ce qui donna aux habitans le droit de dire que la journée du 18 juin avait doublement sauvé la colonie.

Le gouverneur, éclairé par la funeste expérience du passé, publia, le 20 juin, un ordre qui réunissait sous son autorité immédiate toutes les attributions et tous les pouvoirs administratifs. Il forma près de lui un conseil privé, composé de tous les chefs de service, et chercha avec eux les moyens de remédier au désordre, de simplifier l'administration, d'opérer des réformes nombreuses et beaucoup d'économies.

Il prescrivit au commandant en second de rester à la Basse-Terre, et, pour convaincre la colonie du bon accord de ses deux principaux chefs, il exigea que Boyer logeât chez lui, le fit remplacer à la Pointe-à-Pitre, et affecta de le combler de marques particulières d'attachement, que cet officier dut croire sincères.

Peu de jours après, le commandant en second reçut une adresse, revêtue d'un grand nombre de signatures de la Pointe-à-Pitre et de la Grande-Terre, où on le remerciait de ce qu'il avait fait, le 18 juin, pour la colonie, dont on l'appelait *le sauveur*.

On était alors persuadé que la révolution du 20 mars était consolidée en France; tous les bâtimens qui en arrivaient donnaient à cette opinion un caractère de certitude, et on se flattait de l'espoir qu'un prompt secours de la métropole mettrait la Guadeloupe à l'abri des Anglais, du retour desquels on ne cessait de la menacer.

Le 22 juin, le gouverneur, avouant la mission par lui donnée à M. D.... de se rendre en France auprès du chef de l'État, témoigna au commandant en second le regret de lui en avoir fait un mystère. Le choix de cet envoyé serait, dit-il, d'autant plus avantageux à la colonie, dans la circonstance actuelle, que d'anciennes relations avec un grand personnage de la cour impériale assuraient tout succès à sa mission. Pour en cacher le but, on l'avait ostensiblement chargé d'aller simuler un achat de bestiaux à Porto-Rico, dont le major de place connaissait le gouverneur, et ce gouverneur devait lui procurer la facilité de se rendre secrètement à Paris. Que devinrent les flatteuses espérances de M. de Linois, lorsqu'on vit M. D.... rentrer à la Basse-Terre, le 30 juin? Après avoir vainement attendu pendant un mois et demi à Porto-Rico, sans qu'il s'offrît un seul bâtiment pour l'Europe, il s'était empressé de revenir dès qu'il avait appris le mouvement du 18 juin, comptant pouvoir partir ouvertement de la Guadeloupe, pour aller s'acquitter de sa mission. Mais il ne fut plus agréé; on jugea plus opportun d'investir de cette mission celui qu'elle intéressait davantage, le major de place Schmaltz, qu'on n'avait pas encore songé à renvoyer, et dont on pressa le départ avec la plus grande activité, parce qu'il importait de réparer au plus tôt l'avortement de la première ambassade.

M. Schmaltz fut donc publiquement revêtu du caractère d'*envoyé*, pour aller annoncer en France l'adhésion de la colonie aux actes du gouvernement impérial. Il fut chargé de dépêches, de protestations de zèle et d'amour par les mêmes hommes qui cherchaient alors à faire tourner à leur avantage particulier l'événement du 18 juin, et qui, plus tard, quand la fortune se fût encore déclarée contre l'empereur, l'imputèrent à crime au commandant en second Boyer. Le colonel du 62e lui délivra un pompeux certificat d'attachement à Napoléon et à sa dynastie, signé par plusieurs de ses officiers, et légalisé par l'autorité compétente.

Pour porter en France cet envoyé, on fréta, aux frais de la colonie, et au prix de 6,000 gourdes (32,400 fr.), une goëlette française, fine voilière, du nom de *Marie-Louise*. Afin de pallier cette dépense, d'assurer un bon accueil à l'envoyé, et de donner à sa mission une apparence d'utilité publique, on acheta, d'un négociant de la Basse-Terre, un chargement de 35,522 kilogrammes de bois de gayac, qui ne devait être payé qu'en France, et qu'on adressa au ministre de la marine Decrès pour le service des ports, qui en manquaient. Tous ces détails furent consignés sur les registres de l'administration coloniale.

Ainsi pourvu de dépêches, de certificats, de recommandations et de bois de gayac, *l'ambassadeur* Schmaltz mit à la voile, le 4 juillet, de la Basse-Terre, après avoir soigneusement caché et scellé tous les paquets dont il était porteur pour les mi-

9

nistres de Napoléon, afin de les soustraire aux Anglais, qui auraient pu l'arrêter (1).

A peine était-il parti, qu'on fut inquiet sur son compte ; on craignit que les Anglais, dont la surveillance était très active, n'eussent arrêté son bâtiment, et que cette mission, à laquelle on attachait la plus haute importance, n'éprouvât le sort de la première. On voulait à tout prix convaincre le gouvernement impérial des sentimens dont on était animé ; le gouverneur pensa que l'envoi du capitaine Linois, son fils et son aide-de-camp, sur un bâtiment portant le pavillon neutre des Américains, pouvait seul répondre de l'exécution de cette importante mission ! Le départ de cet officier fut conséquemment arrêté, sur un bâtiment des Etats-Unis, et toujours aux frais de l'administration coloniale.

Pour donner plus de solennité à sa mission, on demanda à toutes les autorités civiles et militaires des deux villes, des adresses de félicitations au chef du gouvernement français.

---

(1) Schmaltz arriva en France à la fin de juillet; mais, ayant eu connaissance de la seconde restauration, tous ses paquets furent jetés à la mer ; le nom d'*Intrépide* fut substitué à celui de *Marie-Louise* que portait sa goëlette, et il s'annonça comme un banni de la Guadeloupe par le commandant en second révolté, à cause de son attachement à la cause royale. Partout il fut reçu et écouté avec intérêt ; au ministère de la marine on s'empressa de le placer dans la direction des colonies, malgré les rapports qu'on

Le colonel Vatable se distingua réellement dans cette circonstance. Il fit signer à son corps d'officiers, même à ceux de garde, une adresse brillante à Napoléon, à laquelle il joignit une demande de croix d'honneur pour plusieurs de ces mêmes officiers (1).

---

avait envoyés contre lui. C'est là que, nanti d'un *duplicata* de la correspondance du gouverneur, à laquelle il avait seul travaillé, et des documens qu'il eut la faculté de compulser dans tous les bureaux, il passa près d'un mois à fabriquer, *au nom de M. de Linois*, un mémoire accusateur contre le commandant Boyer ; changeant ainsi, de sa propre autorité, suivant les circonstances et son intérêt personnel, une mission solennelle d'adhésion à un gouvernement qui avait cessé d'exister, en une mission d'accusation contre un homme absent, qui ne pouvait se défendre. Ce qu'il y a de plus étonnant, c'est que son mémoire fut accueilli, le 24 août, par le ministre de la marine, M. Dubouchage, qui le transmit au conseil de guerre, comme le témoignage le plus authentique contre le commandant en second ; et que ce même M. Schmaltz, parti de la Guadeloupe, non plus comme proscrit, mais comme *envoyé reconnu et avoué*, osa dire au conseil de guerre, dans sa déposition, que, *renvoyé comme royaliste de la Guadeloupe insurgée, il ne l'avait quittée que pour aller offrir ses services au roi, en Belgique !* Cette assertion aurait dû cependant paraître tant soit peu étrange au ministre, puisque les bois de gayac, *adressés au duc Decrès*, que M. Schmaltz ne portait sans doute pas à Gand, et qui avaient été déposés, le 29 août, dans les magasins de la marine à Bordeaux, étaient alors refusés par M. Dubouchage, non pas comme étant expédiés par une administration révoltée, mais parce qu'ils avaient été reconnus de très mauvaise qualité. Il ne se détermina à les recevoir que le 22 décembre 1817.

De pareils faits n'ont pas besoin de commentaire.

(1) Ce dévouement n'était pas nouveau ; M. Vatable s'était

Le fils du gouverneur mit à la voile le 24 juillet, porteur de toutes ces adresses et d'un duplicata des dépêches dont Schmaltz avait été chargé.

Cependant, les Anglais avaient débarqué 300 hommes aux Saintes, dans la nuit du 5 au 6 juillet, et, tout en assurant qu'ils n'avaient point l'ordre

---

signalé par un égal amour pour tous les gouvernemens qui se sont succédé. Son enthousiasme en 1795, pour l'ordre de choses existant alors, le fit nommer sous-lieutenant d'une compagnie du bataillon des Antilles, dit des *sans-culottes*, par Victor Hugues; et le premier usage qu'il fit de sa faveur, fut de faire déporter son capitaine, aujourd'hui le maréchal de camp Roche, en retraite à Paris, et qui a épousé la nièce de l'archevêque de Tarente. En 1804, il fit plus; on trouve dans le *Moniteur* du 6 brumaire an 13 (28 octobre 1804), une adresse virulente contre les Bourbons, signée VATABLE, *chef de bataillon, commandant de place;* elle est aussi insérée avec plus de détails dans la *Gazette officielle* de la Guadeloupe du 12 messidor an 12 (18 juillet 1804). On peut juger dès lors de la valeur des démonstrations de M. Vatable après le 20 mars 1815. On a vu sa conduite le lendemain de la journée du 18 juin; le 22, il donna ordre, de son propre mouvement, de faire disparaître de tous les effets de son régiment les insignes du gouvernement royal. On connaît le fameux certificat qu'il donna à Schmaltz. L'adresse dont il chargea le capitaine Linois couronne dignement cette série de gambades et de palinodies.

C'est cependant ce colonel qu'on n'a pas craint de représenter, devant le conseil de guerre, comme un preux chevalier, inébranlable dans ses sentimens de fidélité aux Bourbons! C'est ce même colonel qui a accusé le commandant en second d'avoir voulu le faire fusiller pour avoir refusé de prendre part à la rebellion du 20 mars et de porter la cocarde tricolore! C'est ce même colonel dont parle avec un pompeux éloge l'*Almanach historique*, rédigé, en 1822, pour la Guadeloupe, avec approbation du gouvernement!

de commettre des hostilités, ils en avaient pris possession, en retenant prisonniers le détachement et le capitaine d'artillerie qui y commandait. Ils s'emparèrent de la même façon de Marie-Galante, resserrèrent le blocus de la Guadeloupe, n'y laissant pénétrer que les nouvelles qui étaient de nature à abuser les habitans sur la véritable situation des choses en Europe.

Mais ces faits sont peu de chose auprès des actes révoltans de piraterie et de pillage sur les propriétés des côtes auxquels les Anglais se livrèrent (1). En même temps, ils pratiquaient partout des intelligences, tramaient toute sorte de machinations, pour fomenter la discorde et faire soulever les quartiers.

Le gouverneur, poussé à bout par une proclamation insolente, qui excita un dégoût général et fut même blâmée par les partisans des Anglais, prit un arrêté sévère contre ceux qui entretiendraient des rapports avec eux et seraient signalés comme favorisant leurs tentatives de débarquement.

---

(1) Le lecteur qui sera curieux de connaître ces tristes détails, peut consulter l'*Histoire des Antilles*, en 5 volumes.

CHAPITRE V.

Lettre du colonel du 62ᵉ, lue en comité général. — Suspen-sion de cet officier. — Avis qu'il donne au gouverneur de l'arrivée des Anglais. — Dispositions de défense. — Attaque et prise de la Guadeloupe. — Intrigues contre le commandant en second. — Départ des prisonniers français pour l'Europe.

MALGRÉ l'arrêté du gouverneur, les intelligences et les communications avec les Saintes devenaient de jour en jour plus fréquentes, et des mouvemens insurrectionnels se préparaient sur plusieurs points de la colonie. La conduite du colonel Vatable n'était déjà plus la même ; nouveau protée, il avait changé avec l'horizon politique, et tout semblait annoncer qu'il s'était rejeté dans le parti anglais. Le gouverneur, que le commandant en second avait plusieurs fois entrenu des soupçons qui planaient sur cet officier, ne pouvait y croire, d'après les assurances de dévouement données par le colonel, qui, peu de jours auparavant, lui avait affirmé sur sa *parole d'honneur*, n'avoir aucune relation avec celui des habitans de la Guadeloupe qui passait pour être le plus dévoué aux Anglais. Une lettre du colonel à ce même habitant, que le commandant en second porta, le 6 août, au gouverneur, dessilla enfin les yeux de M. de Linois ; il s'écria en la lisant : *Oh ! pour ceci c'est trop clair, c'est d'une évidence manifeste* (1).

Ce colonel, les trois officiers supérieurs de son régiment, le comité administratif de défense, qui se réunissait fréquemment chez le gouverneur, furent convoqués sur-le-champ, pour recevoir communication de cette lettre (2).

---

(1) Cette lettre remise à l'instant même au commandant en second, par un officier qui la tenait du *Planton* chargé de la porter à son adresse, contenait ces mots : « J'ai ordre positif de » faire rentrer le grenadier qui travaille chez vous ; envoyez-le au » camp et je vous le renverrai *quand il en sera temps*. La procla-» mation maladroite des généraux anglais *a presque tout gâté*, » écrivez-moi ce que vous en savez, etc. »

(2) A ce comité assistèrent le gouverneur, le commandant en second, le colonel Vatable, les trois chefs de bataillon du 62ᵉ, le commandant de la place, les deux chefs de bataillon de la garde nationale de la Basse-Terre, les deux capitaines commandans de l'artillerie et du génie, le chef de l'administration, l'inspecteur colonial et le trésorier. La lettre étant lue, le commandant en second prit la parole et dit au colonel que, d'après ce qu'elle contenait, et d'après la correspondance qu'on savait qu'il entre-tenait avec la Martinique, on était suffisamment autorisé à croire que si les Anglais attaquaient la colonie, il n'y avait pas à compter sur lui. M. Vatable fit un long étalage de ses anciens services sous le régime impérial et de son dévouement à la personne de

A l'issue de cette réunion, le gouverneur voulut aller lui-même au fort et au camp lire aux troupes la lettre de leur colonel, et leur annoncer sa suspension. A 4 heures du soir, les officiers du fort vinrent, à l'insinuation de leur chef, demander sa réintégration ; le gouverneur s'y refusa, mais, *sur l'intervention du commandant en second*, il leva les arrêts du colonel, lui permit d'aller en ville, et eut,

---

l'empereur ; il repoussa toute idée, tout soupçon de trahison ; il donna *sa parole d'honneur* qu'il n'avait reçu aucun paquet de la Martinique, et se montra vivement blessé d'avoir été ainsi mandé et interpellé devant des administrateurs, et surtout devant deux officiers de la garde nationale. — On lui répondit que quoiqu'il méritât peut-être l'application des mesures prescrites par l'arrêté du gouverneur, ces messieurs n'avaient été appelés que pour entendre la lecture de sa lettre, afin que la colonie fût bien instruite de sa conduite ; mais qu'on ne voulait pas autre chose ; et en effet, il est bien évident qu'il n'était pas là devant un conseil de guerre. Il ne vint à l'idée de qui que ce fût de proposer *son arrestation* ou *sa mise en jugement*. Tout était fini, et on allait se séparer, lorsque le gouverneur prenant la parole, prescrivit au colonel de se rendre au fort, d'y garder les arrêts, et le suspendit de ses fonctions de commandant du 62°, en attendant les ordres du ministre, auquel il allait en référer.

M. Vatable était sorti des arrêts le soir même, *à la demande du commandant en second.* On est encore à concevoir comment ce colonel a osé dénaturer ces faits, affirmer et jurer qu'on était au moment de le fusiller pour son dévouement aux Bourbons, et qu'il ne dut la vie qu'aux Anglais ! Toutefois, il faut dire ici que, pressé de questions sur ce point, dans le débat public du 11 mars 1816, M. Vatable éluda adroitement toute contradiction en priant le conseil de lui épargner des détails qui lui étaient personnels et pénibles à rappeler.

dit-on, le lendemain matin, avec lui, une conférence particulière dans une pièce de cannes à suere.

Le 7 août 1815, on reçut de la Pointe-à-Pitre
une gazette anglaise de la Barbade, contenant le
rapport du duc de Wellington, sur la bataille de
Waterloo. Le soir, M. Vatable se rendit chez le
gouverneur, et eût, pour la seconde fois, avec
lui, une très longue conférence. Il en sortait à
9 heures, lorsque le commandant en second s'y
présenta ; le gouverneur lui dit que ce colonel était
venu réclamer avec instance le commandement de
son corps ; que sur son refus, il lui avait remis deux
lettres particulières ainsi qu'une gazette de la Martinique, contenant les détails de ce qui se passait en
France (1), et lui avait annoncé que le lendemain
matin, 8 août, les Anglais attaqueraient la colonie
et opèreraient trois débarquemens, l'un à la Capes-
terre, l'autre aux Trois-Rivières, et le troisième au
Baillif : ce qui eut lieu comme il l'avait dit.

---

(1) Ce n'étaient pas les premières lettres que ce colonel avait
reçues ; le bruit courait qu'il avait été engagé, par des lettres
antérieures, à embarquer le gouverneur et le commandant en
second, et qu'il attendait l'occasion d'exécuter ce projet. Le commandant en second avait reçu lui-même de la Martinique, le 28
juillet, par la voie des Saintes et des Trois-Rivières, l'invitation
par écrit d'embarquer M. de Linois et de se déclarer gouverneur
en réarborant les couleurs blanches, seul moyen de se faire pardonner la journée du 18 juin ; il communiqua sur le champ cette
dépêche à M. de Linois qui lui dit : *Tout le monde n'a pas la même
franchise que vous !*

Ces faits, en donnant la preuve des intelligences du colonel avec les étrangers, plaçaient le gouverneur et le commandant en second dans la position la plus critique.

On s'était occupé de tous les préparatifs de défense que pouvaient permettre le dénuement de la colonie, la pénurie d'armes, de munitions, et le manque absolu de pièces de campagne (1). Les spoliations des Anglais n'avaient permis d'armer que quelques batteries à la Basse-Terre et à la Pointe-à-Pître ; toutes les autres, autour de l'île, étaient détruites.

On avait essayé de former une compagnie des gens de couleur affranchis ; mais ils ne se présentèrent qu'au nombre de trente ou quarante, et on eut à peine ce qu'il fallait pour en armer et en habiller la moitié.

Personne n'eut l'idée, ainsi qu'on a eu l'infamie de l'insinuer lors du procès, d'appeler aux armes la population esclave ; c'eût été l'arrêt de mort de tous les blancs. S'il y eut des noirs réunis et armés dans certains quartiers, ils le furent par quelques planteurs qui étaient d'intelligence avec les Anglais (2).

---

(1) Depuis la reprise de possession on n'avait reçu, pour toutes armes, que 1,500 fusils, qu'on avait été obligé de disséminer parmi la garde nationale de tous les quartiers et des diverses îles dépendantes de la Guadeloupe.

(2) On voulut persuader à d'augustes personnages à Paris, à M. le duc d'Angoulême entr'autres, que le commandant en second

Les craintes mêmes que cette conduite inspirait, et les ravages partiels de l'ennemi, obligèrent de disséminer les forces dont on pouvait disposer.

Nous ne reproduirons pas ici les détails relatifs à la défense que, de concert avec le gouverneur, le commandant en second avait organisée. Quelque faibles que fussent les troupes que le gouvernement colonial avait à opposer, elles eussent suffi peut-être si elles n'eussent pas été paralysées par des circonstances tout exceptionnelles, et par les intelligences secrètes de l'ennemi avec quelques hommes d'une influence fatale.

Les Anglais purent débarquer, et véritablement c'était chose facile, alors que, sur un seul point, ils avaient jusqu'à 72 bâtimens de toute grandeur pour protéger leur débarquement, et que les diverses troupes qu'ils avaient à la Martinique, à Sainte-Lucie, à Deméraci et à la Dominique, furent réunies pour l'attaque de la Guadeloupe sous les ordres de cinq généraux et sous le commandement en chef du général Leith et de l'amiral Durham.

Pourquoi faut-il que nous ayons à enregistrer ici un fait à peine croyable, tant il est indigne du nom français! Trois bâtimens de notre nation, montés par des FRANÇAIS, l'*Actéon*, le *Diligent* et le *Messager*,

---

avait insurgé les esclaves et s'était mis à leur tête contre les royalistes!! Mais tout, dans les débats publics, s'éleva contre une accusation aussi odieuse. Elle fut repoussée.

envoyés de la Martinique, se firent remarquer au premier rang de l'escadre ennemie par la vivacité de leur feu ; et cependant le roi n'avait pas voulu qu'aucun prince de sa famille, qu'aucun des serviteurs fidèles de sa cause, parût dans les rangs de l'étranger (1).

Dans de telles conjonctures, pourquoi les Anglais n'avaient-ils pas fait connaître officiellement les événemens de France? Pourquoi n'avait-on pas donné à une colonie, qui s'est toujours signalée par son attachement à la mère-patrie, l'alternative et le choix de la guerre avec le pavillon étranger ou de la paix avec le pavillon de France? Le choix n'eût pas été douteux ; le pavillon du roi offert seul à la Guadeloupe comme une bannière de paix, aurait été reçu dans cette colonie, de même qu'il l'avait été en 1814, puisqu'il était le signe de ralliement sous les mêmes lois. Mais le traîner à la suite des flottes britanniques, le mettre sous les ordres d'un amiral anglais, l'appuyer de la mitraille de l'ennemi le plus implacable de la Guadeloupe, n'était-ce pas manquer le but qu'on devait se proposer, n'était-ce pas mettre cette colonie dans la nécessité de résister, n'était-ce pas trahir la volonté du roi?

Les premières mesures de défense échouèrent, combattues qu'elles furent par une terrible pluie d'hivernage qui ne cessa de tomber par torrens, et

(1) Proclamation de Louis XVIII, du 28 juin 1815.

qui, arrêtant la marche de nos troupes, permit à l'ennemi d'occuper des positions formidables. Au moment de se former pour marcher sur l'ennemi, à la baïonnette, tous les officiers supérieurs et les capitaines, deux exceptés, représentèrent au commandant en second que, dans l'état où se trouvaient les troupes, on ne pouvait pas songer à les engager; que, harrassées et découragées, elles ne se reconnaîtraient pas entre elles et s'exposeraient à tirer les unes sur les autres; que le plus grand désordre pourrait être le résultat de cette attaque. Au même instant, le gouverneur qui avait adhéré avec empressement à toutes les résolutions du commandant en second, le fit appeler dans une case voisine, où il venait d'arriver. Boyer s'y rendit aussitôt, espérant que la présence du premier chef allait électriser les troupes; sa surprise fut grande lorsque le gouverneur lui dit, devant quelques témoins, *que lui aussi n'était plus d'avis d'attaquer, et qu'il fallait renoncer à ce projet;* il repartit un instant après, sans donner aucun ordre, sans laisser aucune instruction. Le capitaine de gendarmerie, *Vincent,* dit à haute voix au commandant en second, qu'après avoir sondé les esprits, il voyait bien que l'on ne voulait pas se battre.

Les nouvelles plus positives que la colonie reçut sur ces entrefaites de la perte de la bataille de Waterloo, achevèrent de rendre impossible l'organisation d'un plan sérieux de défense.

Ainsi s'évanouit l'espoir de repousser les Anglais;

déception cruelle pour ceux qui , au milieu de ces
révolutions de gouvernemens , s'inspiraient avant
tout du pur sentiment de l'honneur français et de l'indépendance nationale !

Le commandant en second put mesurer dès ce
moment toute la grandeur du sacrifice personnel
qu'il avait fait à la colonie , le 18 juin. Les soins que
chacun prenait déjà de se ménager des excuses ou
des palliatifs dessillèrent ses yeux , et il ne put se
dissimuler que sur sa tête seule allait peser tout le
poids de la responsabilité des événemens de la Guadeloupe. Mais , comme aucune ambition , aucun
intérêt personnel n'avait dirigé sa conduite , ce qu'il
avait voulu le 18 juin , il le voulait encore le 8 août :
c'était le salut de la Guadeloupe , de la Guadeloupe
conservée sous les lois françaises , de la Guadeloupe
sauvée d'une nouvelle invasion ; et affranchie de
l'avide domination des Anglais. Quand tout espoir
d'y réussir fut perdu , Boyer dédaigna le soin de leur
disputer sa tête , ne songea jusqu'à la fin qu'à préserver la colonie d'une catastrophe intérieure , et à
préparer ceux que révoltait la présence de l'étranger
à se soumettre à l'empire des circonstances....

La garde nationale , immolant ses ressentimens à
la tranquillité de la colonie , s'était retirée dans ses
foyers avec une douloureuse résignation. L'esprit
qui l'animait ne fut jamais , quoi qu'on en ait dit ,
qu'un ardent amour pour la mère-patrie , qu'une
aversion légitime pour la domination anglaise ; et
si la France ne l'eût pas abandonnée à ses faibles

ressources, elle se serait levée en masse pour repousser les ennemis invétérés de sa prospérité et de
son repos. Mais l'intrigue et la trahison s'agitaient
autour d'elle; chacun de ses coups pouvait influer,
par la suite, sur le sort des familles, des personnes,
des propriétés et de la colonie tout entière; elle se
soumit avec calme, dans l'espoir que l'*union* et l'*oubli*
seraient le prix de la modération dont elle ne s'était
pas écartée.

Aidés de tant de circonstances fâcheuses, fiers de
leurs faciles succès, les Anglais, dont la force n'était
pas moins de 8,000 hommes actuellement débarqués,
n'attendaient que le moment où ils pourraient faire
agir simultanément leurs colonnes, pour enlever le
morne Houël, où le gouverneur et le commandant
en second s'étaient retirés pour tenter, à défaut
d'une *attaque*, une dernière et honorable résistance.

Mais, déterminé par tous les officiers qui recon-
naissaient cette résistance impossible, le gouverneur
fit partir, à 9 heures du soir, le commandant du
génie, pour faire des ouvertures au général Leith.
Le lendemain, à 9 heures du matin, après un
échange de propositions, le général anglais Murray
arriva avec le texte bien arrêté d'une capitulation. Tous les officiers supérieurs furent appelés,
et sur leur attestation que les troupes, réduites à
475 hommes, ne pouvaient plus tenir contre les 8 à
9,000 hommes qui les pressaient de toutes parts, il
fallut subir cette capitulation, qui fut signée.

Le gouverneur expédia des ordres à la Pointe-à-Pître, pour qu'elle s'y conformât. A trois heures du soir, les troupes déposèrent les armes, et furent renvoyées au fort pour être embarquées.

L'accord le plus parfait régnait toujours entre les deux chefs ; en se séparant pour chercher un asile jusqu'au moment du départ, leurs logemens étant occupés par les Anglais, le gouverneur tendit la main au commandant en second, et lui dit de venir le trouver à nuit close, pour s'entendre sur le rapport à faire au ministre des divers événemens survenus dans la colonie. Mais le gouverneur rompit cette heureuse harmonie, dès le soir même, et l'on verra quelle conduite il a tenue depuis.

A peine le général Leith avait-il mis pied à terre, que les habitans de la ville virent en rougissant le colonel Vatable, leur compatriote, se rendre seul auprès de ce général, avec qui il eut une conférence, qui dura cinq quarts d'heure. A la suite de leur entretien, le domicile d'un citoyen fut violé, pendant la nuit, par un détachement anglais, pour arrêter le commandant en second, qu'on y croyait logé. Cependant celui-ci s'était ostensiblement retiré chez un des chefs de l'administration.

Le lendemain matin, à 7 heures, le Génevois Joly, major de confiance du général Leith, vint, de la part de ce chef, lui demander son épée, qu'il n'avait pas pu rendre la veille ; cette épée, le commandant en second l'avait brisée sur le champ de bataille ; les tronçons en étaient restés au morne Houël avec quelques effets. Le major exigea que le commandant déballât du fond d'une malle un sabre de prix, qui lui rappelait une mémoire bien chère ; il l'assura que le général satisfait de cette marque de déférence, allait le lui renvoyer (1). Mais à midi, cet officier vint l'arrêter, et le conduire sous escorte dans le corps-de-garde du fort, au milieu des troupes anglaises, où le colonel Vatable eut le généreux courage de venir passer et repasser devant lui pour le braver, tenant par le bras l'habitant à qui il avait adressé sa fameuse lettre du 6 août, dont on n'a pas oublié les expressions remarquables : *La proclamation maladroite des Anglais a presque tout gâté*, etc.

Le général Leith, pour justifier les procédés si peu convenables dont il usait envers le commandant

---

(1) Ce damas porte le nom du capitaine de vaisseau Villeneuve, à qui il fut donné comme *sabre d'honneur*, à l'armée d'Egypte. Lorsque cet officier mourut, en 1804, à la Martinique, où il était capitaine de port, il le légua à son chef, l'amiral Villaret. Après la mort de ce respectable amiral, en 1812, sa famille l'avait remis, comme le gage le plus précieux de son souvenir, au commandant Boyer, qui avait été pendant huit ans son aide-de-camp, et avait été constamment honoré de sa confiance et de son amitié. Le commandant Boyer se flattait de le conserver toute sa vie ; mais le général Leith, refusant les morceaux de son épée qu'on lui apporta, s'appropria ce sabre, se vanta plus tard que le roi de France avait bien voulu lui en faire présent, et n'envoya à Paris que l'épée du contre-amiral Linois, que le capitaine *français* de *l'Actéon* fut chargé de porter. Le *Moniteur* du 2 décembre 1815 dit que la remise en fut faite au roi le 22 novembre.

11

en second, écrivit à son gouvernement qu'il avait fait arrêter cet officier, parce qu'on l'avait prévenu qu'il voulait s'évader pour se mettre à la tête des habitans de la Pointe-à-Pitre. Quel indigne prétexte ! Le vrai motif de ces outrages était de se venger de l'officier français, qui avait constaté et signalé à l'indignation publique les spoliations des Anglais à la Guadeloupe, et qui avait lutté deux mois entiers contre cette scandaleuse violation de la foi des traités.

Et cependant, cet officier avait bien droit à quelques égards dans cette circonstance, lui qui, en 1805, après avoir enlevé le fort du *Diamant* aux Anglais, avait eu la générosité de rendre leurs épées à tous les officiers de la garnison, en leur adressant quelques paroles d'éloge pour leur courage malheureux !

A huit heures du soir, on fit traverser la ville au commandant en second entre deux haies de troupes britanniques, pour l'embarquer sur une frégate; et les habitans qui voulurent lui parler furent brutalement repoussés. En montant à bord, son portefeuille disparut, et on brisa une cassette qu'on croyait sans doute renfermer un trésor ; elle était pleine de divers objets de toilette en plomb. Le portefeuille où l'on espérait trouver *l'adresse que lui avait envoyée la Pointe-à-Pitre*, et une correspondance qui pût fournir matière aux listes de proscription qu'on préparait, ne contenait que des papiers étrangers aux Cent-Jours, à l'exception d'un recueil d'ordres donnés au moment de l'attaque, pour recommander le respect des personnes et des propriétés. Ces ordres, en désappointant les curieux, durent au moins les convaincre de l'esprit de modération qui les avait dictés.

Les troupes furent indignement spoliées à bord de quelques bâtimens anglais, et cependant leur colonel était au milieu d'elles. Tous les prisonniers furent relégués dans la rade des Saintes ; le gouverneur seul resta libre à la Basse-Terre, où parurent dans tout leur jour la bonne foi des Anglais et leurs intentions protectrices. Dès qu'ils furent maîtres de la colonie, ils firent courir le bruit qu'il était probable que les trois couleurs seraient conservées en France, parce qu'il paraissait constant *qu'un nouveau prince était monté sur le trône.* Tel était le dévouement en faveur de Louis XVIII, dont eux et leurs partisans s'étaient targués, mais dont ils se hâtèrent de se prévaloir aussitôt que des nouvelles plus certaines les eurent fait revenir de leur erreur !

L'ordonnateur était rentré à la Basse-Terre, avec les ennemis de la colonie ; les faux royalistes, les champions des Anglais y accoururent des divers quartiers pour intriguer et solliciter. Alors se forma la ligue qui conjura la perte du commandant en second, et l'on vit s'unir aux individus que de graves accusations avaient signalés au mépris de la métropole avant les Cent-Jours, les auteurs de ces mêmes accusations ; d'autres qui voulaient donner le change sur leurs propres erreurs ; ceux qu'aveuglait l'esprit de faction, et ceux enfin qui, toujours incertains, attendent la fin des crises pour se ranger du parti le plus fort.

L'ambitieux Vatable, qui, plus qu'aucun autre, avait d'anciens souvenirs à effacer, mit à profit le crédit que les circonstances lui donnaient auprès des Anglais, pour envenimer les passions et les ressentimens. Il sut flatter l'orgueil de ces vainqueurs, habiles à tirer parti des auxiliaires de tous les genres, et qui feignirent de croire que, victime de son attachement à la cause des Bourbons, le colonel allait être sacrifié avec tout ce qu'il y avait de royalistes dans la colonie, *sans leur prompt et généreux secours*. De là sans doute l'atroce rapport du général Leith (dont il sera question plus tard); de là les écrits mensongers, et ce torrent de calomnies que l'on vit déborder à Paris pour y accabler un seul homme !

Le gouverneur ne s'embarqua que le soir du 22 août, et le lendemain matin on fit voile pour l'Europe. Quatre bâtimens réunis en convoi emportèrent les prisonniers français, de terre et de mer, faits dans la colonie et ses dépendances depuis les premières attaques des Anglais. Officiers, soldats, marins, femmes, enfans et domestiques formaient un total de 1,117 individus.

PROCÈS

DU CONTRE-AMIRAL LINOIS ET DE L'ADJUDANT-GÉNÉRAL BOYER.

PAR un raffinement de précautions, dont la suite fit connaître le but, on évita, lors du départ des prisonniers français de la Guadeloupe, de réunir le contre-amiral Linois et l'adjudant-général Boyer sur le même bord. Le bâtiment qui portait le gouverneur, fin voilier, profita d'une tempête qui dura du 29 au 31 août, pour naviguer isolément. Une vieille frégate condamnée, sur laquelle était l'adjudant-général avec tous les autres prisonniers, courut les plus grands dangers ; le bruit de sa perte fut répandu à la Guadeloupe. Les diverses relations des événemens qui s'y étaient accomplis furent écrites naturellement avec moins de retenue et moins de

scrupules, à l'égard d'un homme qu'on croyait noyé.
Arrivé en rade de Portsmouth, quatre jours avant
lui, M. de Linois s'empressa d'adresser au ministre
de la marine, en France, une demande pour être
jugé.

Le convoi mouilla près de Portsmouth, le 14 octobre. Qu'on juge de l'indignation de tous les prisonniers français lorsqu'ils lurent dans le long rapport du général Leith, inséré dans toutes les gazettes
anglaises, et adressé à Paris à l'ambassadeur britannique et au duc de Wellington, ce passage infâme :

« On ne pouvait que se féliciter d'avoir arraché la
» Guadeloupe au jacobinisme, puisqu'il était connu
» que toutes les mesures *sanguinaires*, les scènes *les*
» *plus atroces* de la révolution y avaient été imagi-
» nées ; la fête de Bonaparte devait y être célébrée,
» le 15 août, par *l'exécution des royalistes déjà con-*
» *damnés à mort* ; les esclaves y avaient été *appelés*
» *aux armes*, et beaucoup d'entre eux *étaient déjà*
» *dressés* à ces actes de frénésie et de sang !!! etc. »

Les officiers de la marine anglaise furent eux-
mêmes révoltés de cette publication ; le séjour qu'ils
venaient de faire à la Guadeloupe les avait suffisamment convaincus de la fausseté de ces dégoûtantes
inventions. On a dû remarquer, en effet, que pas
une personne n'avait été arrêtée durant les Cent-
Jours, à la Guadeloupe, que pas une goutte de sang
n'y fut versée, et qu'aucun esclave ne fut armé.

L'adjudant-général Boyer ne put garder le silence
devant d'aussi épouvantables calomnies. Il s'adressa à

Londres, au ministre lord Bathurst, et à Paris au duc de Wellington, ami particulier du général Leith. Mais que pouvaient produire les protestations d'un officier auquel tant de mains en ce moment se disputaient le mérite de jeter la première pierre ! Ses lettres eurent le sort de toutes les plaintes des proscrits : les deux hauts personnages n'y firent aucune attention.

M. de Linois, partit le 7 octobre pour le Hâvre ; le convoi des prisonniers ne mit à la voile que le 11, et y arriva le 14. Le débarquement eut lieu le 17, et les deux chefs furent détenus séparément dans cette ville.

Le général Donnadieu, chargé de venir inspecter les troupes, de les licencier ou de donner du service à ceux qu'il en jugerait dignes, entretint en particulier quelques officiers. L'adjudant-général espérait que ce général voudrait l'entendre ; mais cet espoir fut trompé, et M. Donnadieu n'en adressa pas moins au ministre un rapport singulièrement accusateur, qui a paru au procès.

Les deux chefs furent transférés isolément à Paris, et déposés dans la prison de l'Abbaye, le 30 octobre 1815.

Le colonel Vatable, au lieu de suivre son régiment en France, préféra rester à la Guadeloupe pour exploiter à son profit la ruine du commandant en second. Il se rendit bientôt à la Martinique où il savait que le commandant en second avait laissé le souvenir d'une conduite honorable pendant sept ans.

Mais que peut le souvenir de la vie entière d'un homme contre les intrigues de l'envie et les passions de parti !

L'intendant, M. de Guilhermy, y était toujours, et, déjà trompé par l'exagération des récits qu'on lui avait faits, il avait adressé en France un rapport passionné. M. Vatable, dont il ignorait la conduite depuis le 18 juin, et qui s'était acquis malheureusement un grand ascendant sur son esprit, parvint facilement à lui faire accroire tout ce qu'il voulut sur sa fidélité supposée, sur les dangers qu'il avait courus et sur les *fureurs* du commandant en second. La Martinique fut entraînée, et toutes les relations que cette colonie fit parvenir en France, se trouvèrent coïncider avec celles envoyées de la Guadeloupe. M. le comte de Vaugiraud seul, nommé gouverneur général des Antilles françaises par Louis XVIII, ne prit aucune part, ni alors ni depuis, à ce déchaînement.

Les lettres de M. de Guilhermy se faisaient remarquer par un incroyable panégyrique du colonel Vatable, et par un récit exagéré des événemens des Cent-Jours. Dans son rapport officiel, il allait jusqu'à dire au ministre que l'adjudant-général avait reçu 2,000 moëdes de la Pointe-à-Pître, et 1,000 de la Basse-Terre (120 mille francs) pour opérer le mouvement du 18 juin (1).

(1) Voir la *Quotidienne* du 24 septembre au 1er octobre 1845.
La Guadeloupe en masse repoussa cette imputation si grave et

Cependant, malgré les innombrables rapports parvenus au ministère de la marine, deux mois s'étaient écoulés depuis que les deux chefs supérieurs de la Guadeloupe, détenus dans les prisons de Paris, attendaient une décision sur leur sort. L'instruction du procès n'était pas encore commencée. En vain l'ancien administrateur des Anglais, le transfuge Dubuc Saint-Olympe, pour se débarrasser du témoin redoutable qui pouvait tôt ou tard éclairer le public sur ses actes, s'agitait dans tous les sens, avait recours à l'influence alors toute puissante de l'étranger et aux intrigues de quelques femmes sans pudeur. On était généralement persuadé que l'autorité laisserait tomber le voile de l'oubli sur des faits arrivés à 1800 lieues du royaume, et qui avaient été l'inévitable conséquence des événemens extraordinaires qui s'étaient passés en France. Le ministre de la marine s'était même déjà prononcé pour cet avis.

---

si légèrement admise ; plus tard son auteur lui-même s'en désista, et le conseil de guerre la jugea si peu vraisemblable qu'il refusa de s'en occuper. L'examen sévère de tous les comptes fit reconnaître que le commandant en second était le seul officier à qui il fût dû deux mois d'appointemens à son départ de la colonie ; qu'il n'avait reçu ni gratifications ni indemnités, et n'avait pas même été remboursé par le Trésor, suivant l'usage, des dépenses qu'il avait faites pour la réception du gouverneur à la Pointe-à-Pitre, ni pour celle de l'intendant ; à la vérité il n'eut jamais l'idée d'en faire la demande et personne n'y songea pour lui.

L'odieux ne le dispute-t-il pas à l'absurde quand on voit à la fois le même homme accusé d'avoir séduit les habitans d'une colonie pour les insurger, et d'avoir été corrompu par eux pour le faire ?

Ne voyant, dans tout ce qui avait été écrit, que des accusations vagues, il venait de déclarer à un maréchal-de-camp, ami de l'adjudant-général Boyer, qu'il ne pouvait faire mettre cet officier en jugement, parce que sa signature n'était apposée à aucune proclamation, à aucun acte public du gouvernement de la Guadeloupe pendant les Cent-Jours.

Mais le lendemain de cette déclaration, M. Vatable arrive à Paris, très inquiet sur le sort de son adresse à l'empereur Napoléon, et des dépêches au ministre Decrès, dont étaient porteurs MM. Schmaltz et Linois fils. Promptement rassuré par la certitude de la destruction de ces malencontreux témoignages, fort à la fois de l'appui des acolytes intéressés qu'il trouve installés dans les bureaux des colonies et de l'esprit qui soufflait alors sur la France, il court chez le ministre de la marine, lui dépeint l'ex-commandant en second de la Guadeloupe sous des couleurs tellement noires, et surprend si bien sa religion par le tissu habilement et dès longtemps préparé de ses monsonges et de ses calomnies, que la mise en jugement de l'adjudant-général Boyer est immédiatement ordonnée. Le jour même, le ministre reprocha avec véhémence au maréchal-de-camp, ami de l'adjudant-général, l'intérêt qu'il porte à un homme dont on vient de lui faire un si épouvantable portrait. Ce général, consterné, se rend chez le colonel Vatable, cherche à le ramener à des sentimens plus modérés, plus dignes d'un militaire, et n'en reçoit que cette réponse : *Il est trop tard à présent, je ne puis rétrac-*

*ter ce que j'ai dit; mais M. Boyer a une pièce qui peut
le sauver, il n'a qu'à la produire* (1).

On ne s'en tint pas là : poursuivant le cours de
ces calomnies, on répandit, dans les sociétés de
Paris, que le colonel Vatable étant à déjeûner chez
le commandant en second de la Guadeloupe, après
le 18 juin, celui-ci l'avait fait arrêter pour le faire
fusiller, à cause de sa résistance au nouvel ordre de
choses. Un riche négociant introduisit le colonel
Vatable auprès d'un vieux Provençal qui passait
pour avoir auprès du ministre et dans les bureaux
une immense influence. Le triomphe du colonel fut
dès lors assuré, et il ne fut plus question, dans certains
cercles de la capitale, que des prétendues cruautés du
révolutionnaire Boyer, et de l'incomparable générosité
du *chevalier Vatable*, qu'on disait issu d'une famille
des plus distinguées de la Guadeloupe, de tout temps
dévouée aux Bourbons, et dont les services et la
loyauté garantissaient la fidélité (2). Tout alla selon
son gré dans les bureaux, grâce à l'influence du
vieux Provençal et aux intrigues des partisans ou com-
plices qu'il comptait parmi les nouveaux employés.

---

(1) L'adresse de la Pointe-à-Pître sur le mouvement du 18 juin,
qu'on avait cru trouver dans son porte-feuille, mais dont il ne
s'était jamais dessaisi; on voulait l'avoir à tout prix pour pouvoir, très vraisemblablement, exercer des vengeances contre ses
nombreux signataires.

(2) M. Vatable est fils d'un médecin de bord, qui se fixa
à la Basse-Terre pour y faire fortune.

Avec de telles ressources, on parvint sans peine à donner à l'opinion publique et à l'instruction du procès la direction que souhaitaient la haine et l'ambition des ennemis de l'accusé.

L'ex-commandant en second Boyer était étranger au département de la marine; aucune voix n'osa s'y élever en sa faveur. Il ne tenait qu'à l'armée, alors proscrite par catégories (1), et il est trop évident que le procès ne fut dirigé que contre lui seul. Tous les dossiers furent compulsés, tous les mémoires, toutes les lettres furent recueillies, analysées, toutes les haines, toutes les rancunes furent consultées, et de cet amas de documens, sortit l'acte d'accusation qui fut présenté au conseil de guerre.

L'instruction du procès n'était pas encore connue des deux accusés; la chambre des députés discutait le projet de loi sur l'amnistie qui lui avait été soumis le 8 décembre. Le roi, convaincu, avec la majorité de la nation, qu'à la suite des révolutions la modération et la clémence peuvent seules cicatriser les plaies de la patrie, voulait étendre le bénéfice de cette loi aussi loin que pouvait le permettre la sécurité de l'État. Il était naturel de croire qu'elle aurait son effet à partir du jour où S. M. l'avait proposée; la dignité de sa couronne semblait l'exiger. Mais des hommes au zèle furieux firent tout ce qu'ils purent

_____

(1) *Voir la chronologie de l'histoire de France* en 1820, pages 695 à 697 et 705.

pour en resserrer le cercle ; la chambre décida avec une fougue impétueuse, et l'on peut dire qu'elle fit une sorte de violence à la sanction royale (1).

La loi fut publiée à Paris dans la matinée du 12 janvier 1816. Les accusés de la Guadeloupe se félicitaient de se trouver compris dans ce grand acte de justice, comptant que sa promulgation fermait désormais la porte à toute poursuite non encore introduite. Mais ce jour-là même, le rapporteur du conseil de guerre vint, à midi, faire subir un premier interrogatoire à M. de Linois, et, à 4 heures, à M. Boyer.

On avait si bien senti que cet acte constatait seul le commencement des poursuites, que le protocole qu'on eut le soin de dresser à l'avance, portait la date du 11 janvier; mais *un défaut de forme n'avait pas permis au rapporteur de pénétrer ce jour-là dans la prison !* (2)

Dans cet interrogatoire, on ne communiqua qu'une seule pièce à l'accusé Boyer, c'était l'ordonnance du roi portant : « que, sur le délit d'insubordination » commis par M. de Linois envers M. de Vau- » giraud (3), et par M. Boyer envers M. de Linois,

---

(1) *Voir la chronologie de l'histoire de France en* 1820, *page* 718.

(2) C'est dans ce même moment, et pour prendre plutôt date, qu'une *dépêche télégraphique* transmettait à Rennes l'ordre d'interroger sur-le-champ le général Travot, placé dans les mêmes conditions que le commandant en second de la Guadeloupe.

(3) Ce n'est que dans le mois de mai 1815, lorsque la France

» *une commission spéciale* était chargée de connaître
» de leur conduite. » Elle était datée du 29 décembre,
pour qu'elle pût constater le commencement des
poursuites; mais la pièce principale, le rapport du
ministre qui les avait provoquées, ne fut point
notifié à l'accusé.

Le second interrogatoire n'eut lieu que le 29 janvier, sans communication d'aucune pièce, pas même
de celles à charge, sur lesquelles seules l'accusé
pouvait baser sa défense (1).

Il subit son troisième et dernier interrogatoire le
22 février, et alors seulement on lui notifia le rapport
du ministre de la marine au roi, et une nouvelle
ordonnance, quoique de la même date, mais ainsi
conçue : « MM. de Linois et Boyer..... sont prévenus
» de crimes prévus par le Code pénal militaire, et
» *le premier conseil de guerre permanent* de la première
» division militaire est chargé de connaître de leur
conduite (2). »

Un avocat distingué était venu dans la prison,

était soumise à Napoléon, que le comte de Vaugiraud avait été
nommé gouverneur-général des Antilles françaises, *par un ordre
daté de Gand*, et par conséquent ignoré à la Guadeloupe.

(1) Elles ne lui furent communiquées qu'après le troisième
interrogatoire, lorsqu'il restait à peine le temps de feuilleter
toute cette masse de documens.

(2) Ces deux ordonnances différaient l'une de l'autre autant
que l'insubordination diffère du complot ou la peine des arrêts de
la peine capitale !

écouter l'exposé de la cause du commandant en second. Frappé de la clarté et de la véridique simplicité de cet exposé, il avait trouvé la *cause belle*, et avait dit qu'elle ferait honneur à celui qui la plaiderait; cependant il jugea prudent de lui refuser son ministère et celui de son fils : défendre des militaires n'était pas alors une tâche sans péril !

L'honorable M. Dupin, dont l'infortune était toujours sûre de trouver la voix prête dans les circonstances difficiles, répondit avec empressement à l'appel qui lui fut fait. Mais, à l'instant des débats, craignant que le souvenir récent de sa défense dans une affaire mémorable (1) n'eût une influence fâcheuse sur celle-ci, il dut, dans l'intérêt de son client, renoncer à plaider pour lui; toutefois il demeura son conseil, assista en cette qualité aux débats, et chargea de la plaidoirie un jeune avocat, M. Legouix, qui s'en acquitta avec autant de talent que de zèle.

La considération dont jouissait M. de Linois, sa parenté avec les Dubuc, qui occupaient alors les positions les plus influentes au ministère de la marine, ses nombreux amis, tout se réunissait pour fixer l'intérêt sur lui. Les impressions défavorables, les fâcheux pronostics (et il y en eut de bien étranges!) semblaient exclusivement réservés pour l'adjudant-commandant Boyer, qu'on ne connaissait que fort peu.

_____

(1) Le procès du malheureux Ney.

Le conseil de guerre se réunit le 6 mars 1816. Il était composé de MM. :

Le comte LAW DE LAURISTON, lieutenant-général, président;

Aide-de-camp de Napoléon jusqu'à la restauration et son dernier ambassadeur en Russie, il avait commandé en chef un de ses corps d'armée et acquis près de lui ses grades, ses titres, ses honneurs. Au moment du procès, il était pair de France et commandait une division d'infanterie de la garde royale. Il est maintenant (1) marquis, ministre de la maison du roi, maréchal de France, etc., etc.

Le comte CLAPARÈDE, lieutenant-général, juge;

Avait obtenu sous Napoléon ses grades, ses titres et ses honneurs. Était, en 1816, inspecteur-général de la division de Paris, l'est encore aujourd'hui, et de plus pair de France, gouverneur d'un des châteaux royaux, etc., etc.

Le comte BORDESOULLE, lieutenant-général, juge;

Avait obtenu sous Napoléon ses grades, ses titres et ses honneurs. Au moment du procès, il comman-

---

(1) C'est en 1823, il ne faut pas l'oublier, que la relation de ce procès a été publiée.

dait une division de cavalerie de la garde royale. Il est maintenant premier gentilhomme de S. A. R. Monseigneur le duc d'Angoulême, gouverneur de l'école polytechnique, et commande la cavalerie de l'armée en Espagne, etc., etc.

Le baron DIGEON, lieutenant-général, juge;

Avait acquis sous Napoléon ses grades, ses titres et ses honneurs; commandait en 1816 une division de cavalerie de la garde royale. Il est aujourd'hui vicomte, pair de France, ministre d'état, etc., etc.

Le baron D'ABOVILLE, maréchal-de-camp, juge;

Avait obtenu ses différens grades sous Napoléon; est mort, en 1821, comte et pair de France par succession.

Le baron de MONTBRUN (Alexandre), maréchal-de-camp, juge;

Avait obtenu ses grades et ses titres sous Napoléon; commandait en 1816 le département de Seine-et-Oise; est mort en 1821.

Le vicomte de FEZENZAC, maréchal-de-camp, juge;

Gendre du duc de Feltre; il avait obtenu sous

13

Napoléon ses grades et ses honneurs. En 1816, il commandait une brigade d'infanterie de la garde royale, et la commande encore aujourd'hui (1823).

Le comte de SESMAISONS (Donatien), colonel-rapporteur;

Chef d'état-major dans la garde royale, division Lauriston.

Le chev^r SARTELON, commissaire-ordonnateur, commissaire du roi;

Avait acquis sous Napoléon ses emplois, ses honneurs et sa fortune. Au moment du procès, ordonnateur de la garde royale et membre de la chambre des députés de 1815; aujourd'hui intendant d'une division militaire.

La composition de ce conseil ranima l'espoir de l'accusé Boyer; tous ses membres sortaient des rangs de l'ancienne armée; quelques-uns avaient servi pendant les Cent-Jours; tous s'étaient décidés à rester en France et à prêter serment au gouvernement d'alors. Il faut en excepter le général Bordesoulle, qui, se trouvant dans une situation particulière, avait cru prudent, au 20 mars, de passer de Mézières à l'étranger.

Depuis 1805, l'accusé était particulièrement connu du président, le général Lauriston. Et qui pouvait mieux apprécier sa conduite à la Guadeloupe, et juger de ce que les circonstances ont quelquefois d'impérieux, que ce général qui, chargé au 20 mars, de commander une partie de la maison militaire du roi, après avoir recueilli les dernières paroles de Louis XVIII sur la frontière, licencia et renvoya chez eux des officiers dont le serment et la volonté étaient de suivre et de défendre le monarque!

L'adjudant-général Boyer, ne demandant qu'une justice impartiale, avait d'autant plus lieu de fonder son espoir sur ce conseil, ainsi composé, qu'il présentait à ses juges une vie entière exempte de reproches, tandis que ses persécuteurs étaient pour la plupart peu favorablement notés (1).

Il restreignit sa défense, en droit, à un seul moyen préjudiciel, que la proclamation du roi du 28 juin (2)

---

(1) Le rapporteur du conseil avait fait des recherches exactes dans les ministères de la guerre et de la marine; il avait écrit dans tous les lieux, s'était adressé à toutes les personnes qui pouvaient donner des renseignemens sur les principes, la moralité, la vie politique et militaire de l'accusé Boyer, et n'avait reçu de toutes parts que des rapports satisfaisans. Le colonel Vatable lui-même n'avait pu recueillir à la Guadeloupe et à la Martinique un seul témoignage défavorable pour aucune des actions publiques ou privées de l'ex-commandant en second.

(2) Voici cette proclamation du roi aux Français (*Moniteur* du 7 juillet 1815); on jugera si elle pouvait recevoir un démenti plus frappant que dans ce déplorable procès de la Guadeloupe:

« Cambrai, le 28 juin 1815.

» J'apprends qu'une porte de mon royaume est ouverte, et

et l'ordonnance du 24 juillet, semblaient rendre sans réplique. Ce moyen était fondé sur l'amnistie. Le 20 mars étant sans exemple dans l'histoire, puisqu'il aurait eu pour résultat de compromettre toute la France, appelait une clémence sans limites;

---

j'accours. J'accours pour ramener mes sujets égarés, pour adoucir les maux que j'avais voulu prévenir, pour me placer une seconde fois entre les armées alliées et les Français ; dans l'espoir que les égards dont je peux être l'objet, tourneront à leur salut; c'est la seule manière dont j'ai voulu prendre part à la guerre. *Je n'ai pas permis qu'aucun prince de ma famille parût dans les rangs des étrangers*, et j'ai enchaîné le courage de ceux de mes serviteurs qui avaient pu se ranger autour de moi.....

» Mon gouvernement devait faire des fautes, peut-être en a-t-il fait. Il est des temps où les intentions les plus pures ne suffisent pas pour diriger, ou quelquefois même elles égarent. L'expérience seule pouvait avertir; elle ne sera pas perdue, je veux tout ce qui sauvera la France.....

» Je prétends ajouter à cette charte toutes les garanties qui peuvent en assurer le bienfait.....

» Je ne veux exclure de ma présence que ces hommes dont la renommée est un sujet de douleur pour la France, et d'effroi pour l'Europe. Dans la trame qu'ils ont ourdie, j'aperçois beaucoup de mes sujets égarés et quelques coupables.

» Je promets, moi qui n'ai jamais promis en vain (l'Europe entière le sait) de pardonner à l'égard des Français égarés, tout ce qui s'est passé depuis le jour où j'ai quitté Lille au milieu de tant de larmes, jusqu'au jour où je suis rentré dans Cambrai au milieu de tant d'acclamations.....

» Je dois excepter du pardon, les instigateurs et les auteurs de cette trame horrible; ils seront désignés à la vengeance des lois par les deux chambres que je me propose d'assembler incessamment..... »

le pays tout entier, que Napoléon avait eu pour complice, ne pouvait pas être livré à la vindicte des lois. Ceux-là seuls étaient passibles d'un jugement, qu'on pouvait présumer être les auteurs ou instigateurs du mouvement; et la proclamation de Cambrai n'exceptait qu'eux de l'amnistie *pleine et entière* qu'elle assurait pour tout ce qui s'était passé depuis le 23 mars jusqu'au 28 juin. L'ordonnance du 24 juillet défendait de poursuivre quiconque ne s'y trouvait pas nominativement désigné. La loi d'amnistie promulguée le 12 janvier complétait ce système de législation, et semblait n'avoir été proposée que pour en excepter la famille de Napoléon; la chambre de 1815 y avait ajouté seulement une autre classe d'individus.

Le commandant en second de la Guadeloupe, placé dans une des dépendances de la France, à 1800 lieues du foyer des événemens, n'avait cédé *à l'empire des circonstances* que lorsque le nouveau pouvoir était établi en France et enjoignait à la Guadeloupe de se rallier à lui. Et encore avait-il agi sous la pression de deux circonstances exceptionnelles et qui ne se rencontraient pas ailleurs, d'une part, la menace de l'étranger de s'emparer d'une possession française confiée à sa garde, de l'autre, l'état d'effervescence de la colonie, qui exigeait qu'on se prononçât, avec résolution, sous peine de subir le fléau de l'anarchie et de la guerre civile.

Cette défense, présentée avec habileté et talent par l'avocat du commandant en second, qui l'appuya de tout ce que les antécédens de l'accusé pouvaient lui fournir de considérations favorables devant un tribunal composé de ses frères d'armes, n'eut aucun succès.

Les juges refusèrent d'admettre le moyen préjudiciel de l'amnistie; le système de l'accusation, tendant à présenter l'accusé Boyer comme l'auteur et l'instigateur d'un 20 *mars* à la Guadeloupe, triompha de tous leurs scrupules. Le bénéfice de l'amnistie ne leur parut pas devoir être étendu à un délit commis en exécution des ordres du gouvernement impérial auquel la France obéissait alors (1).

Pour éclairer davantage la religion de ses juges,

---

(1) Quand le conseil se retira pour statuer sur la question préjudicielle de l'amnistie, qui paraissait tenir en suspens la conscience des juges, ce ne fut pas sans une extrême surprise que l'accusé et l'auditoire virent le fameux procureur-général Bellart traverser hardiment la salle d'audience et entrer dans la chambre où le conseil de guerre *délibérait à huis-clos!*

Une semblable intervention, que le conseil ou non y eût donné son acquiescement, mérite d'être sévèrement jugée par l'histoire. Ni M. Bellart, ni ses substituts, en effet, n'étaient partie dans ce procès, étranger par sa nature au ministère public de l'ordre judiciaire.

Un fait de ce genre et d'autres particularités de ce procès ne rappellent-ils pas quelque chose des jours les plus néfastes de la justice révolutionnaire?...

Ce fut, en tout cas, peu d'instans après l'intrusion du chef du parquet de la cour de Paris que le conseil rentra dans la salle d'audience pour donner lecture de la décision portant rejet du moyen préjudiciel!

le commandant en second, dont la défense s'appuyait surtout sur l'état d'agitation intérieure de la colonie, renouvela la demande, adressée au rapporteur, de faire entendre, par commissions rogatoires, quinze témoins de la Guadeloupe, dont la déposition pouvait être d'une grande utilité. Le conseil se déclara *suffisamment instruit*, et cette demande fut rejetée.

Au nombre des témoins à décharge qu'on devait entendre, se trouvaient quatre officiers, indépendans de l'influence du colonel Vatable par leur fortune et leur caractère. Lors de la réunion du conseil, on prévint l'accusé Boyer qu'on n'avait su où trouver trois de ces officiers; cependant le lieu de leur domicile était indiqué sur l'état fourni par les bureaux de la guerre; et on avait, dit-on, oublié le quatrième, officier d'artillerie, dont la déposition était d'autant plus importante qu'il avait constamment résidé à la Pointe-à-Pître. Or, cet officier était alors à Nantes, et demandait à être entendu !

Les déclarations de l'accusé étaient franches, et les dépositions des témoins qu'il était parvenu à faire entendre étaient nettes, précises et concordantes. Cela n'empêcha pas qu'on ne s'efforçât de jeter du doute sur les motifs qui l'avaient déterminé au mouvement du 18 juin, et qu'on ne le pressât de questions, toujours les mêmes, quoique revêtues de nouvelles formes. La chose fut poussée jusque-là que l'accusé se vit obligé à s'en plaindre.

Tous les développemens donnés à leurs dépositions par les témoins à charge (tels que Moreau dit de

Jonnés, Schmaltz et Vatable) furent accueillis et manifestement favorisés. En fut-il de même des témoins produits par l'accusé ? A quel douloureux étonnement ne dut-il pas s'abandonner, lorsqu'il entendit, au milieu des débats, faire un éloge particulièrement pompeux du témoin Vatable, et lorsqu'il vit le médecin en chef de la Guadeloupe, respectable par son âge et par ses services, interrompu, au moment où il voulait s'étendre en faveur de l'accusé, par cette apostrophe du président, dont la sèche ironie révolte le cœur, dans une circonstance aussi grave : *Mais, vous, monsieur, qui portez des lunettes, vous deviez y voir plus clair qu'un autre !!!*

Ce que les témoins avaient à craindre ou à espérer pour leur sort à venir, eut une influence telle qu'un très petit nombre osa expliquer sa pensée tout entière. Quant à l'accusé Boyer, on voit assez par les détails qu'on vient de lire, détails inconnus jusqu'ici, quelle généreuse réserve il s'imposa pendant le cours du procès ; il s'abstint de rien dire qui pût compromettre le gouverneur ou même ses accusateurs. Aujourd'hui les atroces et impudens mensonges qu'on publie contre lui, le contraignent de rompre le silence.

Le colonel Vatable, craignant de provoquer des explications qui auraient pu tout dévoiler, n'osa plus soutenir, devant des témoins prêts à le confondre, son odieuse imputation, *que le commandant en second avait voulu le faire condamner à mort !* Pour éluder une explication provoquée par l'accusé, il eut recours à une feinte sensibilité, et supplia le conseil *de lui éviter la douleur de revenir sur une circonstance qui lui était personnelle.*

Il fut plusieurs fois question, dans les débats, de l'adresse de la Pointe-à-Pître sur le 18 juin; on fit même interpeller l'accusé pour qu'il la produisît; mais Boyer, fidèle à sa promesse de ne compromettre personne, garda sur cette question un silence dont la réserve fut appréciée.

Si quelqu'un regrettait dans ce moment que son absence *forcée* de la colonie pendant les événemens qui suivirent le premier départ des Anglais, le privât d'apporter son témoignage contre le commandant en second, c'était le transfuge Dubuc Saint-Olympe. Mais on le vit suivre minutieusement le cours des débats, narguant l'accusé de ses regards et tenant des propos d'une inconvenance telle que plus d'une fois ses voisins indignés lui imposèrent silence.

La verité veut qu'on dise, à la louange du rapporteur, qu'à part le point de vue sous lequel il envisagea le procès, il y porta les attentions les plus délicates pour l'accusé principal et ne se départit jamais des égards qui sont dus au malheur.

Et cependant M. le colonel de Sesmaisons était, de tous les membres du conseil, le seul qui n'eût pas appartenu à l'ancienne armée.

Ce fut après six jours de pénibles séances, auxquelles présidait l'appareil le plus imposant, que les débats furent clos le 11 mars, à six heures et demie du soir, et que le conseil se retira pour délibérer. A

14

dix heures et demie la séance ayant été reprise, le président prononça le jugement qui acquittait *à l'unanimité* le contre-amiral Linois, et condamnait *à l'unanimité* l'adjudant-général Boyer à la peine de mort. (1)

---

(1) Le *Moniteur*, dans ses numéros du 8 au 14 mars 1816, contient la relation du procès, avec le texte du jugement, dont le dispositif est précédé des questions et des réponses qui suivent :

QUESTIONS POSÉES PAR LE PRÉSIDENT.

1ᵣ Le comte de Linois, a-t-il connu officiellement qu'il était sous les ordres de M. le comte de Vaugiraud, gouverneur-général des Antilles françaises, et s'est-il rendu coupable d'insubordination envers son supérieur?

A l'unanimité, *n'est pas coupable.*

2ᵉ Est-il coupable d'être auteur, fauteur ou instigateur de la révolte qui, le 18 juin 1815, a fait passer la Guadeloupe sous l'autorité de l'usurpateur?

A l'unanimité, *n'est pas coupable.*

3ᵉ En reprenant, le 19 juin 1815, le commandement supérieur de la Guadeloupe, sous les couleurs de l'usurpation, a-t-il manifesté ultérieurement qu'il ne l'avait accepté que dans l'intention de la remettre sous l'autorité du roi?

A l'unanimité, *oui, il en avait l'intention.*

4ᵉ A-t-il été libre d'exécuter cette intention.

A l'unanimité, *non, il n'a pas été libre d'exécuter cette intention.*

1ᵣ Le baron Boyer, est-il coupable d'insubordination envers son supérieur le comte de Linois, gouverneur de la Guadeloupe?

A l'unanimité, *oui, il est coupable.*

2ᵉ Est-il coupable d'être auteur, fauteur et instigateur de la révolte qui, le 18 juin, a fait passer la colonie de la Guadeloupe sous la domination de l'usurpateur?

A l'unanimité, *oui, il est coupable.*

On respecte le jugement du conseil; on est même persuadé que les juges, trompés par les intrigues qui avaient préparé et conduit toute cette affaire, signèrent cette condamnation en âme et conscience. Mais aujourd'hui que la vérité tout entière est connue, et que les passions qui signalèrent la seconde restauration sont calmées, il est impossible que ce procès ne soit pas envisagé sous un aspect différent.

Si un tel jugement, en effet, devait avoir l'autorité d'un précédent irréfragable dans la législation militaire, aucun commandant de poste, de place, de possession intérieure ou d'outremer, n'oserait, il faut le dire, à certains momens de crise ou de confusion, remplir dans toute son étendue son premier devoir envers son pays, devoir qui consiste à lui répondre avant tout de l'intégrité de la portion du territoire national confiée à sa garde.

Avec cette manière de juger les actions d'un chef militaire qui se trouve à 1800 lieues de la métropole, ayant en face de lui les éternels ennemis de la France, les envahisseurs toujours prêts des postes maritimes des autres nations, il faudrait renoncer à avoir des colonies, car les colonies ne se peuvent conserver que par la résolution, l'énergie et le dévoûment toujours sûr des commandans supérieurs que la mère-patrie y envoie.

Si, dans toute la conduite du commandant en second de la Guadeloupe, il y avait quelque chose de reprochable, ce ne pouvait être que d'avoir pris, au 18 juin, une initiative qui, régulièrement, était dans les pouvoirs seulement du gouverneur ; et on comprit si bien cela, au début de cette triste affaire, que la première ordonnance du roi se bornait à renvoyer Boyer devant un conseil de guerre pour *fait d'insubordination*. C'était en effet le seul côté sous lequel sa conduite pût être examinée. Mais, sans parler de l'acquiescement formel du gouverneur, qui avait couvert ce manquement à l'ordre hiérarchique, ne doit-on pas reconnaître qu'au milieu des circonstances graves où cet officier s'était trouvé ; qu'en présence des bouleversemens et des malheurs qui menaçaient la colonie, et après l'utile résultat de son entreprise, c'était une de ces heureuses témérités que, de tout temps, le succès s'est chargé d'absoudre, et que l'antiquité, qui ne connaissait pas nos mises en jugement, récompensait d'ordinaire par des couronnes de chêne.

Le conseil de guerre, sur l'avis qu'en ouvrit le général d'Aboville, chargea son président de demander la grâce du condamné. Le roi aurait voulu que la grâce fût *pleine et entière*, mais le ministre de la marine, à force de remontrances, détourna la clémence de S. M., et fit commuer la peine de mort *en une détention de 20 ans*.

Le colonel Boyer, en butte à des précautions cruellement minutieuses, et toujours poursuivi de calomnies, languit *au secret* pendant huit jours. Le 19 mars, on vint enfin lui notifier la commutation de sa peine.

A la vue du triste avenir que cette décision

lui offrait, son premier mouvement fut de déclarer *qu'il préférait être fusillé sur-le-champ!* Mais, vaincu par les sollicitations de ceux qui l'entouraient et du président du conseil de guerre lui-même, vaincu surtout par *l'assurance formelle* que ce n'était qu'un *simple objet de forme*, dont l'effet durerait tout au plus six mois, il se résigna. Cette assurance ne fut qu'une illusion. Ce n'est qu'au bout d'une captivité de près de trois ans, à compter du jour de son arrestation, que de généreux amis, dont une longue infortune n'avait pu lasser la constance, obtinrent, par l'intervention de M. le duc d'Angoulême, que Boyer fût rendu à la liberté.

Jamais victoire ne fut signalée par une plus abondante distribution de grâces que le ministre de la marine n'en prodigua à l'occasion de ce procès.

Le colonel VATABLE fut créé baron, maréchal-de-camp, commandant en second de la Guadeloupe, *à la place du condamné;* et plus tard il fut revêtu du collier de commandeur de la Légion d'Honneur.

Le chef de bataillon SCHMALTZ, décoré d'abord de la croix de saint Louis, fut nommé colonel et gouverneur du Sénégal. Sa conduite, dans le fameux naufrage de la *Méduse*, ne fut pas de nature à faire revenir l'opinion sur son compte (1).

Renvoyé au Sénégal avec des pouvoirs et une

---

(1) Voir la 5e édition du *Naufrage de la Méduse*, par Corréard, pages 278 à 284.

manutention de finances d'une plus grande importance, on entendit, en 1820, la tribune de la chambre des députés retentir de plaintes contre lui.

Le capitaine MOREAU de JONNÈS, ayant obtenu d'abord la croix de saint Louis, fut nommé chef d'escadron, fit partie du corps royal d'état-major à sa formation, et a conservé au ministère de la marine, jusqu'à la fin de 1821, un traitement supplémentaire de 2,400 francs.

L'ordonnateur VAUCRESSON, à son retour, fut nommé commissaire à Toulon, où il a été conservé à l'époque des réformes, quelque fâcheux qu'eussent été les rapports reçus au ministère contre lui.

Son frère fut nommé secrétaire-général de la nouvelle intendance à la Guadeloupe, où il alla braver l'animadversion publique.

Le sous-commissaire BEAUJOUR, qui s'était distingué par un mémoire virulent contre le commandant en second, fut avantageusement placé à Toulon.

DUBUC LARENTIE, directeur des colonies au ministère de la marine, obtint un poste important à Marseille. D'accord avec Schmaltz, Vaucresson, Vatable et Moreau, il avait pris la plus grande part aux intrigues et aux machinations qui devaient assurer la condamnation du commandant en second, et l'acquittement de M. de Linois, parent, comme on l'a dit plus haut, de la famille Dubuc.

Le contre-amiral anglais DURHAM lui-même eut part aux faveurs. Ce spoliateur de la Guadeloupe en 1814, dont le gouverneur-général, M. le comte de Vaugiraud, avait dénoncé la déloyauté, fut décoré du cordon de commandeur du Mérite militaire.

Quant à M. de Linois, rendu à la liberté aussitôt après le jugement du conseil de guerre, il fut admis à la retraite de contre-amiral, par ordonnance du 18 avril 1816.

Il ne manquait rien à l'éclat de l'expiation dont le commandant en second faisait seul les frais !

On a tout motif de croire que le gouvernement ne tarda pas à connaître l'exacte vérité sur les événemens de la Guadeloupe. Non seulement M. de Vaugiraud, gouverneur-général, dans sa correspondance officielle, se prononça avec force contre la sentence rendue par le conseil de guerre, dès qu'elle lui fut connue, mais le successeur de M. de Linois à la Guadeloupe, M. le comte de Lardenoy, fit parvenir au ministère les originaux des différentes dépêches que son prédécesseur avait adressées au gouvernement impérial, et que les événemens avaient fait juger prudent aux envoyés de faire disparaître, originaux découverts *dans le lieu où M. de Linois les avait cachés.* M. de Guilhermy lui-même, à son retour de la Guadeloupe, confirma l'opinion émise par M. de Vaugiraud, et se montra entièrement revenu des préventions qu'on lui avait fait d'abord partager.

Peut-être est-ce à ces traits inattendus de lumière, que la raison d'État dut toutefois faire étouffer, que le commandant en second fut redevable des égards et des ménagemens qui vinrent apporter quelques

adoucissemens à sa captivité. Peut-être aussi est-ce
à la même cause qu'il dut de ne pas se voir appliquer
toutes les conséquences rigoureuses de sa condamnation, telles que la privation des droits et honneurs
attachés à son grade.

Le général Boyer conserve précieusement le
souvenir d'une marque toute particulière d'estime
qu'il reçut dans sa prison du brave, loyal et intègre
Macdonald, grand chancelier de l'ordre de la Légion
d'Honneur. C'est à lui en effet que l'illustre maréchal
s'empressa de faire parvenir le premier brevet
d'officier de la Légion d'Honneur qui eût été encore
expédié au nouveau type, en échange de celui
que l'ex-commandant de la Guadeloupe tenait de
l'Empereur.

FIN.

www.ingramcontent.com/pod-product-compliance
Lightning Source LLC
Chambersburg PA
CBHW060805110426

42739CB00032BA/3050